CW00515438

edition theophanie

Manfred Ehmer

Die esoterische Botschaft der Märchen

Die esoterische Botschaft der Märchen
© 2. Auflage 2020 Manfred Ehmer
Titelbild: © Manfred Ehmer, unter
Verwendung gemeinfreien Materials

Verlag und Druck: tredition GmbH,
Halenreie 40–44, 22359 Hamburg
Teil 4 der Reihe **edition theophanie**

ISBN: 978-3-7482-8183-2 (Paperback)
ISBN: 978-3-7482-8184-9 (Hardcover)
ISBN: 978-3-7482-8185-6 (e-Book)

Das Werk, einschließlich seiner Teile, ist urheberrechtlich
geschützt. Jede Verwertung ist ohne Zustimmung des Ver-
lages und des Autors unzulässig. Dies gilt insbesondere für
die elektronische oder sonstige Vervielfältigung, Übersetzung, Verbreitung und öffentliche Zugänglichmachung.

Bibliografische Information der Deutschen Nationalbibliothek: Die Deutsche Nationalbibliothek verzeichnet diese
Publikation in der Deutschen Nationalbibliografie; detail-
lierte bibliografische Daten sind im Internet über http:/
/dnb.d-nb.de abrufbar.

Besuchen Sie den Autor auf seiner Homepage:
www.manfred-ehmer.net

Inhaltsverzeichnis

Die esoterische Botschaft
der Märchen

Das Märchen als Einweihungsweg

E s *war einmal* – dieser formelhafte Märchenbeginn, uns allen aus unserer Kinderzeit bekannt, weist nicht nur auf eine imaginäre Zeit, sondern auch auf ein räumliches Anderswo hin. Das Märchen – einerlei ob erzählt oder vorgelesen – stellt doch immer eine Zauberwelt dar, ein Parallel-Universum der Magie und des Wunderbaren, das „neben" unserem normalen Alltags-Bewusstsein liegt, das wir jedoch kraft der uns angeborenen Fähigkeit der Imagination jederzeit betreten können. Märchen sind wie Träume vielleicht Erinnerungen an die eigentliche Heimat unseres Geistes, die im Übersinnlich-Überirdischen liegt. Was das Wesen eines Märchens ausmacht, hat der Dichter Novalis (1772–1800) einmal so ausgedrückt: *„In einem echten Märchen muss alles wunderbar – geheimnisvoll und unzusammenhängend sein – alles belebt. Jedes auf eine andre Art. Die Natur muss auf eine wunderliche Art mit der ganzen Geisterwelt vermischt sein."*[1]

Unter einem *Märchen* – das Wort kommt vom mittelhochdeutschen *maere*, d.h. Kunde – verstehen wir eine phantasievoll ausgeschmückte kurze Erzählung, die in einer Welt spielt, in der die üblichen Naturgesetze ihre Wirkung eingebüßt haben und stattdessen das Wunder vorwaltet. Der Unterschied zu *Sagen* und *Legenden* besteht darin, dass letztere stets auf einen historischen Kern zurückgehen; die Helden des Märchens jedoch entbehren jeder historischen Identität, sie tragen meist nur Allerweltsnamen, zum Beispiel Hans, und ein „König" ist bloß ein König, aber keine historisch bestimmbare Gestalt. Allgegenwärtig ist im Märchen die Magie; die handelnden Personen erleben wunderbare Geschehnisse und kommen mit zaubermächtigen Helfern oder Hilfsmitteln an ihr Ziel.

Dabei zeigt sich die ganze Natur als beseelt: Tiere und Pflanzen sprechen mit Menschen und verkehren mit ihnen wie auf gleicher Ebene; auch naturgeistige Wesen wie Nymphen, Feen, Elfen, Riesen und Zwerge, Erbstücke wohl aus längst vergangenen Zeiten des Heidentums, treiben ihr Unwesen oder greifen auf heilsame Weise in das Geschehen ein. Im allgemeinen ist die Grenzlinie zwischen der Natur und der Geisterwelt recht dünn gezogen, und beide Bereiche scheinen bis zur Ununterscheidbarkeit ineinander überzugehen. Ein Beispiel für sprechende Pflanzen findet sich in dem Märchen ALICE HINTER DEN SPIEGELN: „'O du Feuerlilie', sagte Alice, denn eine solche wuchs da und schaukelte anmutig im Wind, 'wenn du doch nur reden könntest!' 'Wir *können* schon', sagte die Feuerlilie, 'solange jemand da ist, mit dem es sich lohnt'. Alice war so überrascht, dass es ihr die Stimme verschlug; ihr war, als sollte sie gar keine Luft mehr bekommen. Schließlich, als die Feuerlilie immer nur weiter vor sich hin schaukelte, sprach sie die Blume zaghaft aufs Neue an, fast im Flüsterton: 'Können denn *alle* Blumen reden?' 'So gut wie du schon lange', sagte die Feuerlilie, 'und außerdem noch sehr viel lauter.'"[2]

Vielleicht können wir ja tatsächlich mit Pflanzen sprechen und sie mit uns, wenn nicht in einem wörtlichen, so doch in einem übertragenen Sinne. Der Pflanzengeist ist esoterisch jedenfalls eine Realität, und auf der entsprechenden Bewusstseins-Ebene können wir mit ihm in Kontakt treten. Kindern wie Naturvölkern ist dies selbstverständlich, und deshalb sind diese auch in der Lage, die Welt „mit Märchenaugen" zu sehen. So bemerkte schon Hermann Grimm im Vorwort zu den von den Gebrüdern Grimm gesammelten KINDER- UND HAUSMÄRCHEN: „Es liegt in den Kindern aller Zeiten und aller Völker ein gemeinsames Verhalten der Natur gegenüber: sie sehen alles als gleichmäßig belebt an. Wälder und Berge, Feuer und Sterne, Flüsse und Quellen, Regen und Wind reden und hegen guten und bösen Willen und mischen ihn in die menschlichen Schicksale. Es gab eine Zeit aber, wo nicht nur die europäische Kinderwelt, sondern die Nationen selbst so dachten. Wie die germanischen Völker in diesem Zustande der Kindheit in Glauben, Sprache und Überlieferung sich verhalten, war Jakobs Studium..."[3]

Im Märchen herrscht eine andere Logik als unsere gewohnte, lineare und dreidimensionale Logik. Eine ältere Schicht des menschlichen Bewusstseins scheint dem Märchen zugrunde zu liegen, vielleicht das eher träumende, vorrationale, von Magie durchwobene Bewusstsein der kleinen Kinder oder der archaischen Naturvölker. Der Tübinger Vorgeschichtsforscher Otto Huth sieht in den Volksmärchen, besonders denen der Gebrüder Grimm, „eine altertümliche, sakrale Dichtform, die eine prähistorische Kulturperiode widerspiegelt"[4] – nämlich die vorgeschichtliche Megalithkultur. Als letztlich religiöses Überlieferungsgut seien sie vom Ursprung her keineswegs Kindermärchen, sondern erst später dazu geworden, da das Märchenalter des Kindes in etwa dem Bewusstseinszustand des Neolithikums – der Jungsteinzeit – entspreche.

9

Die Märchen entspringen den Tiefen der Volksseele, und sie wurden generationenlang mündlich weitergegeben, von Erzählern, die oft erstaunlich viele Märchen auch mit allen Einzelheiten in ihrem Gedächtnis bewahrten. In den vorindustriellen Gesellschaften erzählte man die Märchen in den wenigen Mußestunden, die der hart arbeitenden Bevölkerung blieben, an langen Winterabenden etwa, wenn die Feldarbeit ruhte und die Bewohner zu ungewohnter Muße zwang. Gewählt wurden dazu immer die Stätten der Gemeinschaft, die Küchen der Bauernkaten, die Spinnstuben, im Orient die Kaffeehäuser. Aus den Berufen der im Märchen auftretenden Personen sieht man, dass die Geschichte in einer Zeit spielt, die lange vor der Industrialisierung lag, denn Berufe wie Müller, Fischer, Schmied, Viehhirt sind ja heute fast schon ausgestorben. Auch wird in den Märchen meist eine feudale Ordnung gezeigt, mit Königen, Prinzessinnen, Rittern usw., die heute längst durch eine demokratische und egalitäre Ordnung überwunden wurde. Man mag sich fragen, ob es so etwas wie *„moderne Märchen"* überhaupt geben kann; oder sollte man vielleicht die mit Technik so reich gesegneten Geschichten der *Science Fiction* als „moderne Märchen" bezeichnen?

Märchen entstammen immer einer alten Zeit (*„Es war einmal"*), und sie scheinen – wie gesagt – einer sehr urtümlichen Schicht des menschlichen Bewusstseins zu entspringen. Und vielleicht liegt gerade darin ihre Zeitlosigkeit? Das Märchen zeigt Archetypisches auf, das in seiner Überzeitlichkeit ewig aktuell bleibt und auch uns Heutige anzusprechen vermag. Ein Märchen kann noch so alt, aber niemals veraltet sein, denn seine Zauberwelt bleibt immer gegenwärtig. So erweist es sich als Träger einer überzeitlichen, esoterischen Botschaft. Nach Britta

Verhagen stammen die Märchen „aus einer neolithischen Mysterienreligion. Der Mittelpunkt jeder Mysterienreligion ist ein Kult, der den Mysten durch eine Reihe von Einweihungen und 'Stufen', durch feierliches und geheimnisvolles Erleben in jene Tiefe zu führen sucht, wo die wahre 'Religio' wirksam wird und die unmittelbare Berührung zwischen Diesseits und Jenseits, zwischen Mensch und Gott als erschütternde Realität erlebt wird."[5]

Der Weg des Märchenhelden ist immer ein Einweihungsweg. Mag das Einweihungsgut nun der Megalithkultur entspringen, mag es seine Wurzeln im Indogermanischen, im Kelten- und Germanentum oder im Schamanismus haben, es bleibt einerlei. Es besteht auch eine seltsame Verbindung zwischen der mythischen Märchenwelt und der *Gnosis*, einer orientalischen Mysterienreligion der späten Antike, die auf ältere geschichtliche Wurzeln zurückgehen mag. Man könnte sie vielleicht auf eine „Ur-Gnosis" zurückführen, die noch nicht dualistisch, sondern rein kosmisch ausgerichtet war und mit der europäischen Megalithkultur auf rätselhafte Weise in Verbindung stand. Gnostische Motive gibt es in Märchen genug: der Kampf von Gut gegen Böse, von Licht und Finsternis, das Motiv der Selbsterkenntnis und der Erlösung.

Als weiteres Urmotiv kommt das Suchen und Finden, das Begehen des Weges, das Unterwegs-Sein hinzu. Dem Aufbruch aus der gewohnten Umgebung folgt ein gefahrvoller Weg mit vielen Prüfungen und Fährnissen, bis sich am Ende alles wieder zum Guten fügt. Das Auf-dem-Weg-sein gehört aber auch zu den Grundtatbeständen der Esoterik. Deshalb besteht eine Wahlverwandtschaft zwischen Märchen und Esoterik; denn in beiden geht es um den Weg, der durch das Be-

11

schreiten erst entsteht und immer schon das Ziel ist. Weg und Ziel sind im Grunde eins; und sie liegen in uns selbst. Christa M. Siegert schreibt hierzu in ihrem sehr lesenswerten Buch GEHEIME BOTSCHAFT IM MÄRCHEN: „Die Märchen sollten in den Herzen den geheimnisvollen, inneren Schöpfungsauftrag wach halten und den Befreiungsweg der Seele in schlichten Bildern widerspiegeln. Mit ihren Symbolen sollten sie die Sehnsucht der Seele nach dem Reich des Geistes beleben und sie zur Heimkehr ermutigen. Viele alte Märchen haben ein tiefes Mysterienwissen in ihren Bilderteppich wie leuchtende Perlen hineingewebt."[6]

In dem vorliegenden Buch möchte ich nun versuchen, die geheime esoterische Botschaft der Märchen aufzuzeigen – weniger in den bekannten Volksmärchen, sondern eher in den großen Kunstmärchen des 20. Jahrhunderts, auch in der Fantasy-Literatur von J. R. R. Tolkien bis Michael Ende. Ich möchte den Leser einladen, mir auf verschlungenen Pfaden durch den labyrinthischen Irrgarten mythischer Märchenwelten zu folgen, eine Entdeckungsreise durch Raum und Zeit, durch Zauberwelten und Parallel-Universen, voller Gefahren und Überraschungen. Auf diesem Weg durchs Labyrinth wird sich die Esoterik, das esoterische Urwissen, als Ariadnefaden erweisen. Aber was ist denn eigentlich „Esoterik"?

Esoterik – der Weg nach Innen

Zahlreichen Märchen, Mythen, Heldenlegenden, Heiligengeschichten, Sagen sowie vielen Stoffen der Weltliteratur liegt eine Esoterik zugrunde, die meist unerkannt unter der Oberfläche schlummert; denn sie wird sozusagen „zwischen den Zeilen" zum Ausdruck gebracht. Die Esoterik ist so alt wie die Menschheit selbst. Sie hat keinen Stifter oder Begründer; als zeitloses Geisteswissen wurde sie von den Weisen und Sehern der Urzeit geschaut, und seitdem überdauert sie alle Zeitalter als die Geheimlehre aller Religionen.

Was ist „Esoterik"? Als Esoteriker wurden früher die Träger eines geheimen Priester- oder Einweihungswissens bezeichnet; in der Mysterienschule des Pythagoras bezeichnete man die zum „Inneren Kreis" Gehörigen als „Esoteriker". Im Griechischen heißt *esoterika* wörtlich „die inneren Dinge"; dies entspricht auch dem berühmten Satz des Novalis „Nach Innen geht der geheimnisvolle Weg". Er steht in seiner Fragmenten-Sammlung BLÜTENSTAUB, die in der von Friedrich Schlegel herausgegebenen Zeitschrift *Athenäum* veröffentlicht wurde. Dort heißt es: „Wir träumen von Reisen durch das Weltall: ist denn das Weltall nicht in uns? Die Tiefen unsers Geistes kennen wir nicht. – Nach Innen geht der geheimnisvolle Weg. In uns, oder nirgends ist die Ewigkeit mit ihren Welten, die Vergangenheit und die Zukunft. Die Außenwelt ist nur die Schattenwelt, sie wirft ihren Schatten in das Lichtreich."[7]

Der „*Weg nach Innen*" wird also in der Esoterik beschritten. Dies bedeutet jedoch nicht Abkapselung von der Welt; denn Innen und Außen sind im Grunde genommen eins. Ein anderes Fragment von Novalis verdeutlicht diesen Gedanken: „Platos Ideen: Bewohner der Denkkraft, des innern Himmels. Jede Hineinsteigung, Blick ins Innre, ist zugleich Aufsteigung, Himmelfahrt, Blick nach dem wahrhaft Äußern."[8] Dem Satz *„Wie Innen, so Außen"* muss der hermetische Satz *„Wie Oben, so unten"* hinzugefügt werden; so erst ergibt sich das Koordinatensystem des esoterischen Weltbildes. Das esoterische Weltbild gibt Auskunft über Struktur und Aufbau des Universums, über Herkunft, Weg und Ziel des Menschen sowie über die Zusammensetzung des Menschen aus Körper, Geist und Seele.

Was die Esoterik – oder Hermetik – über den Menschen lehrt, kann sich als wertvolle Deutungshilfe bei der Betrachtung von Mythen und Märchen erweisen. Der Mensch, so behauptet die Esoterik, ist im Besitz eines unsterblichen Geistes und daher wahrhaft ein König; nur weiß er nicht, dass er ein König ist, da ihm die Selbsterkenntnis fehlt. Ihm fehlt das Bewusstsein seines Ursprunges und seiner wahren Menschennatur; im Besitz dieses Wissens wird der Mensch zu seiner wahren Königswürde erwachen und danach trachten, in seine geistige Urheimat wieder zurückzukehren. Demnach besteht der Seelenweg des Menschen in der Sicht der Esoterik nur aus zwei Abschnitten: *Involution* und *Evolution* – Abstieg in die materielle Welt und Aufstieg zum Geist. Dieser Aufstieg zum Geist ist ein evolutionärer Welten-Wanderungs-Weg, durch viele Seinszustände und Verkörperungen hindurch, wobei jede Existenz auf diesem Weg eine unschätzbar wertvolle Lernerfahrung darstellt.

Der Sinn des esoterischen Weges ist also Heimkehr, Rückkehr zum Ursprung. Sehr schön hat dies Christa Siegert in ihrem Buch GEHEIME BOTSCHAFT IM MÄRCHEN ausgedrückt: „Die Menschenseele lebte einst im Königreich des Geistes. Sie sank hinab aus der geistigen Dimension in die zeiträumliche Dimension der Materie. Sie verirrt sich in der Sinnenwelt mit ihren ständig wechselnden Gegenkräften und Erscheinungen, wird von den Mächten der Täuschung festgehalten und in die Irre geführt und lernt unter häufigem Wiedervergessen ihre harten Lektionen. Am Tiefpunkt ihres Abstiegs wird die Menschenseele vom Licht der göttlichen Botschaft getroffen, vom Auftrag, wieder heimzukehren ins Königreich des Geistes. Und dann macht sich die Seele auf den Heimweg, quer durch alle Anschläge und Heimsuchungen der dunklen Kräfte, beschirmt von den lichten Kräften, durch vielfache Läuterung und Prüfung, bis das Ziel der Seelenreise, die Wiederverbindung mit dem Geist, die 'königliche Hochzeit' verwirklicht ist."[9] Die Esoterik liegt als Geheimlehre und Geheimtradition spirituellen Wissens allen Religionen zugrunde, und die Mysterienschulungen früherer Zeitalter dienten dem Ziel, dem Menschen zur Selbsterkenntnis zu verhelfen und ihn für seinen Weg zurück zu seinem Ursprung auszurüsten. Dieser Weg ist ein *„Weg nach Innen"*; denn nirgendwo sonst als in uns wohnt jener ewige Geistfunke, der uns mit dem „Königreich des Geistes" verbindet.

Das gnostische Perlenlied

In poetischer Form finden wir das esoterische Urwissen ausgedrückt in dem so genannten GNOSTISCHEN PERLENLIED, einer Dichtung aus der ausgehenden Antike aus manichäisch-mandäischem Umfeld, die in einer durchaus märchenhaften Form die Geschichte eines Prinzen erzählt, der in ein fremdes Land zog und dort seine wahre Heimat vergaß, bis ihn ein Sendschreiben wieder an seinen eigentlichen Auftrag erinnerte. Dieser

Prinz, das ist jeder einzelne von uns, das Wesen des Menschen überhaupt. Es handelt sich bei diesem Text tatsächlich um ein Lied; es ist eine Perle gnostischer Poesie, und deshalb habe ich hier eine deutsche Übersetzung ausgewählt, die den lyrischen Charakter des in syrischer Sprache geschriebenen Originals beibehält. Der „Prinz" erzählt:

Im Königreich des Vaters, da ruht ich lange Zeit
Als ein ganz kleines Kindlein, in Reichtum, Seligkeit.
Noch konnte ich nicht sprechen, schickt man mich hinaus,
Mit prächtigen Geschenken aus meinem Vaterhaus,
Aus meinem Reich des Aufgangs, aus meinem Kinderglück,
Die lieben Eltern gaben mir manches schöne Stück
Von ihren reichen Schätzen, von Gold und Edelstein,
Von indischen Karfunkeln, Perlen, schimmernd rein,
Von strahlenden Demanten und kostbarem Geschmeid.
So wurde denn der Ranzen allmählich schwer und breit.
Doch mir schien er zum Wandern noch immer leicht genug.
Jedoch die Prachtgewandung, die ich bis dahin trug,
Die sie für mich gefertigt in liebendem Verein,
Die mich in meiner Kindheit umstrahlt im hehrstem Schein,
Die meinem Maß entsprechend bis dahin mich umhüllt,
Die taten sie zur Seite und sprachen ernst und mild:

Jetzt ziehst du in die Fremde. Ägypten heißt das Land,
Wohin von deinen Eltern du jetzo wirst entsandt.
Präg tief in deine Seele den Auftrag, der dir wird,
Dass du ihn stets bedenkend erfüllest unbeirrt.
Dort gibt es einen Brunnen, davor ein Drache wacht,
Und eine Perle ruht dort tief in dem Brunnenschacht.
Kannst du die Perle heben und kehrst mit ihr zurück,
Dann findest du zu Hause dein altes Kinderglück;
Dann findest du den Mantel, die Königsherrlichkeit,
Herrschend mit deinem Bruder allhier die ganze Zeit.

So sprachen sie und gaben mir zwei Geleiter mit,
Die mich behüten sollten bei jedem Schritt und Tritt.
Ich war ja noch ein Kindlein, der Weg war rau und schwer,
Rings drohten viel Gefahren – da braucht ich sie gar sehr.
An Maishans Hafenplätzen zog ich vorbei im Flug,
Durchwanderte auch Babel, betrat die Stadt Sarbug
Und kam dann nach Ägypten an den ersehnten Ort.
Die beiden Weggefährten verließen mich alldort.
Da sah ich auch dem Drachen schon in sein Angesicht
Und blieb verlassen, harrend und wartend, ob mir nicht
Es doch vielleicht gelänge, dem Untier, wenn es schlief,
Die Perle zu entreißen, die ruht im Brunnen tief.
So ward ich fremd und einsam in einem fremden Land,
Bis ich an dieser Stelle den Weggenossen fand.
Ein freigeborner Jüngling, voll Liebenswürdigkeit,
Ein Reis von meinem Stamme, der war mir hilfsbereit,
Der kam zu mir und wurde mein allerbester Freund.
Was ich erwarb, genoss er gar treu mit mir vereint.
Ich warnt ihn vor den fremden Ägyptern, ihrem Schmutz,
Und sann dann für uns beide zu finden rechten Schutz,
Dass man mich nicht verfolge, dass es nicht werde kund,
Dass ich die Perle suche auf tiefen Brunnens Grund.

So tat ich um die Schultern ägyptisches Gewand,
Dass man mich nicht erkenne in diesem fremden Land.
Doch währt' es nicht zu lange, so ward ich doch erkannt.
Sie haben ihre Listen sie alle angewandt.
Da ich von ihrer Speise, die sie mir boten, aß,
Da war's, dass ich die Eltern und auch mein Ziel vergaß.
Dass ich vergaß die Perle, um die man mich gesandt,
Dass ich sie heimwärts bringe aus dem Ägypterland.
Ich diente ihren Herrschern und lag in tiefem Bann.
Das hatte mir die Speise und ihre List getan.

Doch meine Eltern wussten sogleich was mir geschehn,
Und ließen einen Aufruf durchs ganze Reich ergehn,

Es möchten alle Großen zu Hof sich finden ein,
Die Fürsten und Vasallen des lieben Vaters mein.
Sie kamen und berieten mit sorglichem Bedacht,
Wie ich zu retten wäre aus der Ägypter Macht,
Und schrieben einen Brief mir, mit Siegeln wohl versehn,
Darauf die Unterschriften von allen Großen stehn:

Der Herr des Reichs, dein Vater, er aller Herrscher Zier,
Die Königin des Aufgangs, die Mutter, und nach ihr
Dein Bruder, unser Zweiter: dir ins Ägyptenland
Als unsrem lieben Sohne sei unser Gruß entsandt!
Erwach aus deinem Schlafe und höre unser Wort:
Gedenke deiner Herkunft, wirf alle Fesseln fort!
Sieh, welchen Herrn du frohnest im Ägyptenland;
Gedenke doch der Perle, der wir dich entsandt,
Gedenke deines Mantels, der Weltenherrscherzier,
Die du zurückgelassen in unserm Reiche hier,
Dass du sie einst besitzest, kehrst du zu uns zurück,
An deines Bruders Seite in ungetrübten Glück.

So ward der Brief versiegelt von meines Vaters Hand,
Von königlichen Zeichen beschützt an dich entsandt.
Dem König aller Vögel, dem Adler gleich im Flug,
Blieb er verschont von Babel, dem Bösen von Sarbug,
Und ließ sich zu mir nieder und ward vor mir zum Wort.
Von seinem Heimatrauschen schwang aller Schlummer fort.
Ich nahm ihn auf und küsste sein Siegel tief bewegt;
Denn was sie mir da schrieben, das war mir eingeprägt
Seit je in meine Seele, da ich mich jetzt entsann,
Dass ich, ein Königssprössling, ein großes Werk begann,
Dass ich die Perle suchte, die ruht auf tiefstem Grund,
Das hatt' ich ganz vergessen; jetzt war's mir wieder kund.
Den Drachen, der als Hüter zischend den Born umschlang,
Begann ich einzuwiegen, indem ich Lieder sang
Und zauberstarke Namen, den trauten Vater rief,
Die Mutter, meinen Bruder, bis dass der Drache schlief.

Da raubte ich die Perle und floh das fremde Land.
Auch ließ ich den Ägyptern das unreine Gewand.
Der Heimat galt mein Pilgern, dem Licht des Aufgangs zu
Nahm ich den Weg zum Vater. Geleiter warst mir du,
Mein Brief, mein treuer Mahner, auf dessen Seidengrund
In wohlbedachten Zügen die Heimatsbotschaft stund.
Du warst mein lieber Leiter, du warst mein heller Stern,
Du mahntest mich zur Eile nach meiner Heimat fern.
So zog ich rasch des Weges, seitab vom Land Sarbug,
Und auch vorbei an Babel trug mich der Reise Flug
Nach Maishans Hafenplätzen, dem großen Handelsort.
Da traf ich zwei Gesandte von meinen Eltern dort.
Die brachten mir den Mantel der Königsherrlichkeit
Den ich zurückgelassen, das lichte Sternenkleid.[10]

Soweit das GNOSTISCHE PERLENLIED; es ist der Form nach ein Märchen, dem Inhalt nach reinste Gnosis. Der „Prinz" ist die unsterbliche Geistseele des Menschen, das „Königreich des Vaters" das Paradies in der geistigen Lichtwelt. Das Königsgewand, das er trug, soll den spirituellen Lichtkörper darstellen; diesen muss er einstweilen ablegen, wenn er nach „Ägypten" – in die niedere, von den Archonten beherrschte Materiewelt – ausgesandt wird. Sein Auftrag: die Perle aus dem Brunnengrund zu heben, bedeutet: die verborgenen göttlichen Lichtfunken aus ihren materiellen Verschalungen zu befreien: der Mensch als Erlöser der Natur.

Der Prinz hat die Kleider der Ägypter angelegt, also einen dichteren irdischen Leib angenommen. Sobald er aber von der Speise der Ägypter gegessen hatte, vergaß er seinen Auftrag. Der Erlöser bedarf nun selbst der Erlösung. Da kommt jedoch der Brief aus der geistigen Lichtwelt, der den Prinzen an seine wahre Urheimat und seinen Auftrag erinnert. Der Brief bedeutet die geistigen Lehren der Gnosis, das Urwissen der Esoterik.

19

Er verhilft dem Prinzen zu echter Selbsterkenntnis und ermöglicht es ihm, seinen Auftrag auszuführen. Nun kehrt er in sein Königreich zurück und bekommt wieder sein „Sternenkleid", seinen göttlichen Lichtleib.

Einhörner, Drachen
und Fabelwesen

Das Einhorn

Eines der populärsten Märchenwesen, das uns zugleich eine höhere Welt des Geistes erahnen lässt, ist jenes mythische Fabeltier, das wir seit der ausgehenden Antike unter dem Namen „*Einhorn*" kennen. Überall begegnet uns das scheue Einhorn, auf Gemälden und Wandteppichen, auf mittelalterlichen Paradies-Darstellungen, in Märchen, Filmen und Gedichten, bis in die Gegenwart hinein. Es begegnet uns, in wandelnden Gestalten, aber doch immer mit denselben Charakteristika, im Alten China, in Indien, Persien, in der Bibel, vor allem im Buch Hiob und den Psalmen Davids, in der berühmten Pariser Gobelin-Serie *Die Dame und das Einhorn* (*La Dame à la Licorne*), ausgestellt im Cluny-Museum, auf Fresken in der Engelsburg in Rom, auf Bildern von Hans Holbein und Lucas Cranach, auf Wappen und Apothekenschildern. Dichter haben es besungen, vor allem Rainer Maria Rilke, der es wie ein Wahrbild vor unserem Auge auferstehen lässt:

> *Der Beine elfenbeinernes Gestell*
> *bewegte sich in leichten Gleichgewichten,*
> *ein weißer Glanz glitt selig durch das Fell,*
> *und auf der Tierstirn, auf der stillen, lichten,*
> *stand, wie ein Turm im Mond, das Horn so hell,*
> *und jeder Schritt geschah, es aufzurichten.*
> *Das Maul mit seinem rosa-grauen Flaum*
> *war leicht gerafft, sodass ein wenig Weiß*
> *– weißer als alles – von den Zähnen glänzte;*
> *die Nüstern nahmen auf und lechzten leis.*

21

Doch seine Blicke, die kein Ding begrenzte,
warfen sich Bilder in den Raum
und schlossen einen blauen Sagenkreis.[11]

Selbst noch im 20. Jahrhundert feiert das Einhorn seine Auferstehung und Wiederkunft. Der Märchenroman von Peter S. Beagle DAS LETZTE EINHORN (THE LAST UNICORN, 1968) wurde zu einem Kultbuch. Es erzählt, wie der Titel schon sagt, die Geschichte von dem „letzten Einhorn" in einer entzauberten Welt. In einer poetischen Sprache, die Urmärchenhaftes wieder heraufdämmern lässt, wird es folgendermaßen beschrieben: „Es hatte keine Ähnlichkeit mit einem gehörnten Pferd, wie Einhörner gewöhnlich dargestellt werden; es war kleiner und hatte gespaltete Hufe und besaß jene ungezähmte, uralte Anmut, die sich bei Rehen nur in schüchtern-scheuer Nachahmung findet und bei Ziegen in tanzendem Possenspiel. Sein Hals war lang und schlank, wodurch sein Kopf kleiner aussah, als er in Wirklichkeit war, und die Mähne, die fast bis zur Mitte seines Rückens floss, war so weich wie Löwenzahnflaum und so fein wie Federwolken. Das Einhorn hatte spitze Ohren und dünne Beine und an den Fesseln Gefieder aus weißem Haar. Das lange Horn über seinen Augen leuchtete selbst in tiefster Mitternacht muschelfarben und milchig. Es hatte Drachen mit diesem Horn getötet und einen König geheilt, dessen vergiftete Wunde sich nicht schließen wollte, und für Bärenjunge reife Kastanien heruntergeschüttelt."[12]

Das Einhorn steht als ein Sinnbild für einsames Umherschweifen. Aber diese Einsamkeit bedeutet nicht etwa Isolierung, Verlassenheit, sondern viel eher Freiheit, Unabhängigkeit, Souveränität, die alles überschauende Einsamkeit des Adlers, der sich hoch in die Lüfte schwingt, die Einsamkeit wahrer Verbundenheit mit der Natur. Eine solche, zutiefst schöpferische Einsamkeit hat in Indien auch ein so großer Erleuchteter wie Buddha für sich in Anspruch genommen, der sich in einer von dem schwedischen Tierschriftsteller Bengt Berg übersetzten „Buddha-Hymne" selbst mit dem Einhorn vergleicht, wie es in der immer wiederkehren Schlusszeile deutlich ausgedrückt wird:

Einem Löwen gleich, ohne Furcht vor Geschrei,
Einem Winde gleich, nie in Netzen gefangen,
Einer Lotosblume gleich, nie vom Wasser besprengt,
Lass' mich einsam wie ein Einhorn wandern.[13]

Das alttestamentliche BUCH HIOB nimmt ebenfalls auf die Freiheit und Unbezähmbarkeit des Einhorns Bezug: „Meinst du, das Einhorn werde dir dienen und bleiben an deiner Krippe? Kannst du ihm dein Joch aufknüpfen, die Furchen zumachen, dass es hinter dir brache in Gründen? Magst du dich darauf verlassen, dass es so stark ist? Und wirst du es dir lassen arbeiten? Magst du ihm trauen, dass es deinen Samen dir wiederbringe und in deine Scheune sammle?" (Hiob 39/9). Es sind alles rhetorische Fragen: das Einhorn ist frei, wild, unzähmbar, darin liegt der Sinn der hier zitierten Sätze.

Talmudische Texte berichten von wilden Kämpfen des Einhorns mit dem Löwen, und so wurde das Einhorn im Judentum zu einem Symbol für göttliche Macht und unbesiegbare Kraft, die Gott besonders seinem „auserwählten Volk" zeigte: „Gott hat sie aus Ägypten geführt, seine Freudigkeit ist wie eines Einhorns." (4. Mose 23/22). „Seine Herrlichkeit ist wie eines erstgeborenen Stiers, und seine Hörner sind wie Einhornhörner; mit denselben wird er stoßen die Völker zu Haufen, bis an des Landes Enden." (5. Mose 33/17) Und interessanterweise wird in der jüdisch-christlichen und mittelalterlichen Tradition die Stärke des Einhorns, dieses wunderbaren Zauberwesens, zunehmend als etwas Unheimliches, Bedrohliches empfunden, sodass zuletzt ein Martin Luther aufstöhnen konnte: „Hilf mir aus dem Rachen des Löwen und errette mich von den Einhörnern!" (Psalm 22/20-22)

Aber trotz seiner unbändigen, zuweilen furchteinflößenden Kraft bleibt das Einhorn doch ein überirdisches himmlisches Wesen, Wohngenosse und Gefährte von Adam und Eva im Paradies, wie die Legende zu berichten weiß: „Gott forderte Adam auf, die Tiere zu benennen. (....) Das erste Tier, dem er einen Namen gab, war das Einhorn. Als Gott den Namen hörte, kam er hernieder und berührte die Spitze des einzigen Hornes, das diesem Tier auf der Stirne wuchs. Von da an war das Einhorn erhöht über die anderen Tiere. Adam und Eva konnten auf seinem Rücken reiten. Alle Tiere und das Menschenpaar lebten in Frieden miteinander, bis zu dem Tage, als Adam und Eva von der verbotenen Frucht aßen. Sie probierten die Früchte der Erkenntnis, fingen an, sich zu schämen und mit dem Laub der Blätter zu bekleiden. Gott war erzürnt über ihre Tat und vertrieb sie aus dem Garten Eden. Zwei Cherubim mit flammenden Schwertern bewachten fortan den Eingang. Gott gab dem Einhorn die Wahl, im Paradiese zu bleiben oder Adam und Eva zu begleiten. In die Welt hinaus zu begleiten, dorthin, wo Pest und Kriege herrschen, die Kinder unter Schmerzen geboren werden und alles Leben sterblich ist. Das Einhorn folgte Adam und Eva. Für sein Mitleid wurde das Einhorn mit besonderen Gaben gesegnet. Wählte es doch aus Liebe den schweren Weg der Menschen und blieb nicht an jenem Ort der Schönheit und Freude."[14]

Esoterisch gesehen symbolisiert das Einhorn unser *höheres Selbst*, die *Monade*, denn auch dieses Geistselbst entstammt dem „Paradies", der göttlichen Lichtwelt. Nur aus Mitleid hat es sich zum Herabstieg in die niedere Materiewelt entschlossen. Dies war ein echtes Opfer, eine Tat der Selbstaufopferung, und daher wurde schon im Mittelalter das Einhorn mit Christus gleichgesetzt. Auch Christus ging freiwillig in die Materie hinein. Das Einhorn steht esoterisch als ein Symbol für den *inneren göttlichen Funken*, für den Wesensanteil des Menschen, der sich trotz irdischer Verkörperung himmlisch, überirdisch, spirituell rein erhalten hat und sich nicht durch Materielles korrumpieren lässt. Der Innere Funke, die Monade, das höhere Selbst – wie immer wir es nennen wollen – folgt dem Menschen stets als unsichtbarer Lebensbegleiter auf dem Weg durch die irdische Materie, geradeso wie in der Legende das Einhorn einst das Paradies verließ, um Adam und Eva zu folgen.

In Peter S. Beagles Märchenroman steht der Satz: „*Einhörner sind unsterblich*"[15]. In seiner Unschuld weiß das Einhorn nichts von der Tragik des Sterbenmüssens, von Schuld und Verstrickung; es erfreut sich des ewigen Lebens und einer paradiesischen Zeitlosigkeit, wie sie dem ursprünglichen Schöpfungsplan entspricht. Obgleich es Adam und Eva in die Welt folgte, blieb das Einhorn immer ein Paradieswesen; mit ihm kam ein Stück Himmel auf die Erde herab, und so kündet es wie ein Lichtbote von einer höheren Welt. Daher auch die sprichwörtliche Scheue des Einhorns: es hat sich den Gesetzen dieser Welt nie angepasst, und es entzieht sich dem Zugriff des Irdischen, Welthaften, Materiellen, weil es einer anderen Welt entstammt. Nur mit den „Augen des Geistes" kann das Einhorn geschaut werden; es ist Gegenstand einer Vision, aber kein wissenschaftliches

Studienobjekt. Scheu und zurückgezogen lebt es in seinem *hortus conclusus*, dem „geschlossenen Garten", einem Zaubergarten, in dem nicht mehr die Gesetze der Welt, sondern spirituelle Gesetze gelten. Kein Zweifel, dieser mystische Einhorngarten befindet sich nicht in der äußeren Raumzeitwelt, sondern im Innersten unserer Seele.

Wenn man in Indien Buddha, im Westen Christus mit dem Einhorn gleichgesetzt hat, so kann es ja nur ein Symbol des höheren Selbst – der Monade – sein. Auch die Monade, ihrem Wesen nach scheu und zurückgezogen, entzieht sich jeder Kategorisierung, Einordnung, Vereinnahmung. Anstatt sich dem eisenharten Zugriff dieser Welt zu beugen, will sie lieber – wie das Einhorn – frei, wild und ungezähmt bleiben, will im Umherschweifen ihre Souveränität erfahren. Niemand wird das Einhorn einfangen, zähmen, bändigen können, niemand ihm Fesseln anlegen, denn der Geist bleibt frei und lässt sich nicht von der Materie an die Kette legen. So bedeutet das Einhorn im Grunde etwas rein Geistiges. Es ist der stets frei umherschweifende Geistesfunke, der seine Göttlichkeit in sich trägt und seines Ursprunges in der höheren geistigen Welt immer eingedenk bleibt. Im Einhorn als Sinnbild verkörpert sich das Höchste, Reinste, Spirituellste, das sich denken lässt, der Innere Funke Gottes.

Die spirituelle Natur des Einhorns zeigt sich auch in seiner Androgynität und in seinem Bezug zur Jungfräulichkeit. Das Androgyne kommt beim Einhorn schon im äußerlichen Anblick zum Ausdruck: die üppige, wallende Haarmähne und die runden weichen Formen bekräftigen das Weibliche, das spitze Horn und die ungestüme Kraft eher das Männliche. So zeigen sich Männliches und Weibliches vollkommen integriert, ohne dass das eine sich auf Kosten des anderen verwirklicht. Androgynen Charakter besitzt aber auch das höhere göttliche Selbst. Und wir wissen aus den Traditionen der Esoterik, dass die ursprüngliche Menschheit, als sie noch auf den höheren geistigen Ebenen weilte, zweigeschlechtlich war. Erst im Laufe einer späteren Evolutionsperiode, im Zuge stärkerer physischer Verstofflichung, trat die Geschlechtertrennung ein. Und in einem künftigen vergeistigten Zustand wird die Menschheit ihre ursprüngliche Androgynität wiederhergestellt haben.

Eine christliche Legende erzählt, wie das Einhorn, das von niemandem gefangen genommen werden kann, zutraulich seinen Kopf in den Schoß einer keuschen Jungfrau legt. In einer aus Syrien stammenden Version der Geschichte, die mehr das Erotische daran betont, lesen wir: „Es gibt ein Tier mit dem Namen 'dajja'. Das ist so sanft wie es auch stark ist, und kein Jäger vermag es zu fangen. Mitten auf der Stirn trägt es ein einzelnes Horn. Nur mit List kann man seiner habhaft werden. Dorthin, wo es des öfteren gesehen wird, führt man eine reine und keusche Jungfrau. Sobald das Tier diese bemerkt, kommt es näher und wirft sich in ihren Schoß. Die Jungfrau bietet dem Einhorn ihre Brüste dar. Das Tier beginnt zu saugen, wird vertraut mit ihr und immer zutraulicher. Sobald das Mädchen das Horn auf der Stirn berührt, lähmt es jeden Widerstand des Einhorns. Die Jäger können es jetzt ergreifen und zum König bringen. So wie das Einhorn brachte auch Christus sich zum Opfer dar und pflanzte das Horn der Erlösung für uns, vermittelt durch die Gottesmutter, die unbefleckte und reine Jungfrau Maria."[16]

So steht das Einhorn auch in Bezug zur Großen Muttergöttin, die einen Archetyp spiritueller Weiblichkeit

bildet und in der Jungfrau Maria nur eine ihrer zahlreichen Ausdrucksformen findet. Im Mittelalter galt die
mystische Einhornjagd als ein Symbol für spirituelle Suche, ähnlich der Suche nach dem Heiligen Gral oder
dem alchemistischen Stein der Weisen. Bei so vieler und
tiefgründiger Symbolik steht die Frage, ob es denn Einhörner jemals „wirklich" gegeben habe, als unbedeu-
tend im Hintergrund. Bei einem esoterischen Symbol
zählt nie die historische Realität. Zwar gibt es seit der
späten Antike immer wieder Berichte von Augenzeu-
gen, die Einhörner „gesehen" haben wollen, etwa der
von dem Griechen Megasthenes, der im 3. Jh. v. Chr. im
Auftrag von Seleukos nach Indien – dem klassischen
Land aller Wunder und Fabeln – gereist sein soll, wo er
das meist mit „Einhorn" übersetzte Tier *Kartazoon* gesehen haben will. Schon 100 Jahre vor ihm hatte sein
Landsmann Ktesias Ähnliches berichtet, und Cäsar lässt
in seinem „Gallischen Krieg" ein dem Einhorn täu-
schend ähnliches Wesen in den Tiefen des Hercynisches
Waldes umher springen.

Aber wir brauchen die Frage nach der historischen
Realität des Einhorns nicht zu entscheiden. Wir halten
es mit dem Dichter Rainer Maria Rilke eher für das
„*Tier, das es nicht giebt*", nicht gibt im objektiv-wissen-
schaftlichen Sinne, wohl aber als innere seelische und
spirituelle Wirklichkeit; und es gibt kaum ein esoteri-
sches Symbol, das machtvoller gewesen wäre und tiefere Spuren in der Kulturgeschichte des Morgen- und
Abendlandes hinterlassen hätte, als das des Einhorns.
Deshalb möge hier aus Rilkes SONETTE AN ORPHEUS
(1922) jenes eine zitiert werden, das die Symbolgestalt
des Fabeltiers in aller Pracht erstehen lässt – die Liebes-
erklärung eines spirituell Suchenden an Einhörner:

O dieses ist das Tier, das es nicht giebt,
Sie wusstens nicht und haben jeden Falls
– sein Wandeln, seine Haltung, seinen Hals
bis in des stillen Blickes Licht – geliebt.

Zwar war es nicht. Doch weil sie's liebten, ward
ein reines Tier. Sie ließen immer Raum.
Und in dem Raume, klar und ausgespart,
erhob es leicht sein Haupt und brauchte kaum

zu sein. Sie nährten es mit keinem Korn,
nur immer mit der Möglichkeit, es sei.
Und die gab solche Stärke an das Tier,

dass es aus sich ein Stirnhorn trieb. Ein Horn.
Zu einer Jungfrau kam es weiß herbei –
und war im Silber-Spiegel und in ihr.[17]

Der Drache

In zahlreichen Märchen, Mythen, Sagen und Heldenlegenden wird immer wieder von *Drachenkämpfen* berichtet, die der Held zu bestehen hat, ein Kampf des Lichts gegen abgründige Mächte der Finsternis. Solche Ungeheuerkämpfe sind in verschiedenen Versionen überliefert, mal der Kampf eines Berittenen mit Helm und Lanze oder Schwert gegen den Lindwurm, wie beispielsweise beim heiligen Georg, mal der Kampf zweier Tiere, in den der Held eingreift, wie etwa in der Heinrichsage oder bei Dietrich von Bern, dann wieder die Besiegung des Ungeheuers durch List wie in der Sage von Beowulf und Grendel. „Der Kampf mit dem Drachen", schreibt der Märchenforscher Max Lüthi, „ein Lieblingsmotiv des europäischen Märchens, erinnert zunächst an den Kampf des Menschen mit wirklichen Untieren, ein Geschehen, das die Phantasie früherer

29

Zeiten mit großer Gewalt beschäftigt haben muss. Gerade deshalb wird der Kampf mit dem Untier zum Symbol für den Kampf mit der feindlichen Umwelt, mit dem Bösen außer uns und in uns, des Willens mit den Trieben, der Form mit dem Chaos, des Menschen mit dem Jenseitigen oder mit dem Schicksal. Der Drache ist ein Bild für die ungestaltete und gefährliche Natur wie für das eigene Unbewusste."[18]

Dem Wort „Drache", ein Lehnwort in der deutschen Sprache, liegt das griechische *drakon* („der furchtbar Blickende") zugrunde; im Germanischen entspricht ihm das Wort „Wurm" (oder Lindwurm), der auch in der germanischen Mythologie im Mittelpunkt zahlreicher Drachenkämpfe steht. In der Mythologie vieler Völker erscheint der Drache als eine fabelhafte Mischgestalt, zumeist eine Kreuzung aus Vogel und Schlange, auch aus Löwe und Vogel, mehrköpfig, Feuer speiend, möglicherweise auf eine vorzeitliche Saurierform zurückgehend. Meist wird der Drache mit beschupptem Körper, übergroßen Fledermausflügeln, Hörnern auf dem Haupt und furchtbaren Fangzähnen dargestellt; sein giftiger Atem kann töten wie ebenfalls sein starrer Schlangenblick. In vielen Schöpfungsmythen verkörpert der Drache die bösen gottfeindlichen Mächte; er hält die fruchtbringenden Wasser zurück, will Sonne und Mond verschlingen, bedroht die Mutter des heilbringenden Helden, oder er muss getötet werden, damit die Welt entstehen kann.

Der heldenhafte Drachenkampf findet sich in indoeuropäischen, aber auch vorderasiatischen, alttestamentlichen wie christlichen Mythologien; er scheint ein kulturübergreifendes Symbolbild darzustellen. Schon die Antike kannte Drachenkämpfe – Zeus gegen *Typhon*, Herakles gegen die berüchtigte *Hydra* von Lerna,

Bellerophon gegen die *Chimaira* (daher das Wort „Schimäre"), Perseus bei der Befreiung der Andromeda. Der Drachentöter ist entweder ein Sonnenheld oder die Verkörperung jenes frühjahrszeitlichen Donner- und Gewittergottes, der im Pantheon des Heidentums stets im Mittelpunkt stand. Der älteste Drachentöter, den wir überhaupt kennen, scheint der altindische Hochgott *Indra* gewesen zu sein. In den Gesängen des Rigveda, die bis auf die Zeit um 1800 v. Chr. zurückgehen, wird er als der Götterkönig und Schirmherr aller Krieger angerufen, als den Gebieter über Blitz und Donner, der erlösende Gewitter herbeiführt, indem er *Vritra*, den Drachen der Dürre tötet. In einem dieser Hymnen heißt es:

> *Den schrecklichen Unhold jage hinaus*
> *Und, Indra, des Drachen Kiefer zerbrich,*
> *Und den Grimm, du Drachentöter, treib aus*
> *Dem Widersacher, das bitten wir dich.*[19]

In einer modernen poetischen Nacherzählung des vedischen Drachenkampfmythos finden wir den Drachen Vritra wie folgt beschrieben: „Writra verfügt im Gegensatz zu den meisten Göttern über magische Kraft, und vermöge dieser Kraft kann er mancherlei Gestalt annehmen; einmal erscheint er als Schlange, ein andermal als Eber. Auch seinen Aufenthaltsort wechselt er: jetzt ist er auf dem Gipfel eines Berges, dann liegt er auf der Oberfläche des Meeres. Starke Festungen – neunundneunzig an der Zahl – stehen ihm zu Diensten; hier verteidigt er sich gegen die Angriffe der Götter. Seine Waffen sind Blitz, Donner, Hagel und Nebel. Besonders vom Nebel macht er Gebrauch, und daher nennt man ihn auch den Nebling. Sich selbst hüllt er in Nebel ein, und über seinen Gegner wirft er einen Nebelschleier, damit er die Spur verliert und sich verirrt."[20]

Und hier nun der *Drachenkampf Indras*: „Der Soma-trunk verlieh Indra besonderen Mut und gab ihm un-überwindliche Kraft. Hochauf schwingt er sich in die Luft und zielt mit seiner Waffe auf Writra; dieser aber benutzt seine magischen Fähigkeiten, hüllt sich in Nebel und stürzt sich in voller Größe auf den Angreifer. Indra jedoch durchschaut alle Gestalten, die das Ungeheuer annimmt, späht nach seinen verwundbaren Stellen und fällt ihn immer wieder an. Mit seiner tausendspitzigen Waffe trifft er ihn, wie der Blitz einen Baum spaltet (....). Danach begibt sich Indra dorthin, wo die Wasserfluten verborgen und eingesperrt sind. Wie ein Zimmermann das Holz, so spaltet er die Wolken und befreit die Re-genströme, die sich nunmehr ungehindert auf die Erde ergießen."[21] Indra erscheint hier wie ein gigantischer Regenmacher; die Einkleidung seines Drachenkampfes in einen Naturmythos tritt klar zutage und weist auch auf das hohe Alter dieser Geschichte hin.

Spuren von Drachenmythen finden sich auch im Al-ten Testament; jedoch tritt der Drache hier unter Namen wie *Tannin*, *Leviathan*, *Rehab*, *Behemoth* auf, bald als Ver-körperung riesiger Meertiere, bald allegorisch als Israel feindliche Geschichtsmächte wie Babylon, das Perser-, Meder- Alexanderreich, dann als Gegner im persönli-chen Lebenskampf. Unter den Schutz Gottes soll man sich stellen, denn von ihm wird gesagt: „Über Löwen und Ottern wirst du gehen, und junge Löwen und Dra-chen niedertreten." (Psalm 91/13) Apokalyptisch er-scheint der Drache im Buch Daniel als Verkörperung gottloser Weltreiche (Dan.7), um dann in der Offenba-rung des Johannes sich ganz mit dem Endzeitmythos zu verbinden: „Und es entbrannte ein Kampf im Himmel: Michael und seine Engel kämpften gegen den Drachen. Und der Drache kämpfte und seine Engel, und sie siegten nicht, und ihre Stätte wurde nicht mehr gefunden im Himmel." (Offenbarung des Johannes 12/7–8)

Der Erzengel Michael ist hier an die Stelle Indras getreten; denn in der Gestalt des Drachentöters zeigt sich ebenso viel Archetypisches wie im Drachen selbst. In der griechischen Mythologie haben wir, als ein Beispiel unter vielen, den Lichtgott *Phoibos Apollon*, dem das Heiligtum zu Delos geweiht war und der das Orakel von Delphi in Besitz nahm, das zuvor unter der Macht alter Urmuttergöttinnen stand. Aber zuerst musste Apollon in Delphi den dort hausenden furchtbaren Drachen *Python* töten. Im Homerischen Hymnus an den Pythischen Apollon heißt es:

> *Nahe dabei fließt schön ein Quell. Der Herrscher Apollon*
> *tötete dort die Drachin mit seinem gewaltigen Bogen,*
> *ein gar riesiges, feistes und wildes Untier,*
> *das vieles Elend schuf den Menschen im Lande ....*[22]

In der germanisch-nordischen Mythologie schließlich tritt der Drache als Ungeheuer von sagenhafter Gestalt häufig auf, kosmologisch als die weltumringende *Midgardschlange*, gegen die der Gott Thor zu kämpfen hat, eschatologisch als der drohende Drache *Niddhöggr* in den Tagen der Götterdämmerung. Daneben sehen wir den Drachen als Schatzhüter und als Inhaber magischen Wissens, oder es sind zaubermächtige Riesen wie der berüchtigte *Fafnir*, die sich in einen Lindwurm verwandeln können. Vielleicht kann man hier regelrecht von einer geheimen Drachenweisheit und einer Drachenmagie sprechen. Das Bild des den Goldhort bewachenden Drachens begegnet uns noch in J. R. R. Tolkiens großartigem Märchen DER KLEINE HOBBIT, wo mit Bilbos Konversation mit *Smaug* ein hervorragendes Beispiel für Drachenpsychologie gegeben wird.

Magische Motive tauchen auch in der nordischen Sigurd-Sage auf, dem Urbild der Siegfried-Geschichte: das Baden im Drachenblut macht unverwundbar; der Verzehr des Drachenherzens lässt den Helden plötzlich die Vogelsprache verstehen. Das Drachenhortlied ist in der Liederedda enthalten, die eine wohl aus Deutschland stammende Sigurdsage benutzt hat. Zwei Felsritzungen in Södermannland südlich des Mälarsees zeigen uns Abbildungen zu der Geschichte: wir sehen da einen Fischotter; sodann das Ross Grani, das eine Last auf dem Rücken trägt und an einen Baum gebunden ist, auf dem zwei Vögel sitzen; ferner Sigurd, wie er das Drachenherz brät und einen Finger in den Mund hält – die Runeninschriften unter den Bildsteinen lassen erkennen, dass sie um das Jahr 1020 geritzt wurden. Die dargestellte Situation wird in der Edda so geschildert: „Sigurd nahm Fafnirs Herz und briet es an einem Zweig. Als er glaubte, dass es gar sei, und der Saft aus dem Herzen schäumte, da fasste er es mit einem Finger an, um zu versuchen, ob es fertig sei. Er verbrannte sich und fuhr mit seinem Finger in den Mund. Als Fafnirs Herzblut ihm auf die Zunge kam, da verstand er die Vogelsprache."[23]

Gute Drachen scheinen rar zu sein; durchweg stellt der Lindwurm das Niedere, das Gegnerische, zu Bezwingende dar. Vielleicht deswegen, weil das Reptil, die Echse, der Saurier, allesamt Urformen des Drachens, evolutionär niedere Lebensformen als der Mensch darstellen? Hat sich der Mensch im Drachenkampf mit seiner eigenen evolutionären Vergangenheit auseinanderzusetzen? Wie im Falle des Einhorns scheint sich die Frage nach der historischen Realität des Drachens zu erübrigen. Man könnte ja wohl mutmaßen, dass der Mensch als Spezies viel älter ist als bisher angenommen wurde – dass er vielleicht noch Augenzeuge der Riesenechsen der Kreidezeit war, mit denen er furchtbare Kämpfe zu bestehen hatte? Eine reizvolle Spekulation, aber größere Bedeutung besitzt *die esoterische Bedeutung des Drachens.*

Esoterisch gesehen stellt der Drache geradezu den entgegengesetzten Pol zum Einhorn dar. Verkörpert das Einhorn das höhere, das geistig-göttliche Selbst, die *Monade,* so ist der Drache *ein Sinnbild für die niedere Astralnatur des Menschen.* Der Kampf des Einhorns mit dem Drachen und der letztendliche Sieg über diesen bedeutet die Bezwingung des niederen astralen Selbst durch den höheren, seiner Göttlichkeit bewusst gewordenen Geistesfunken. Das muss nicht bedeuten, dass Drachen „böse" sind, sondern sie stehen eher – wie alles Astrale –„jenseits von Gut und Böse", darin der ewig schaffenden und zerstörenden Natur ähnlich. Die „Weisheit der Drachen", auch ihre magische Kunstfertigkeit, ist reine Astralweisheit. Diese mag für niedere Naturmagie gut brauchbar sein, lässt sich aber mit der spirituellen Weisheit des Einhorns nicht vergleichen. Die gnostische Sekte der Ophiten in den Tagen des Frühchristentums sah den weltumgürtenden Drachen *Leviathan* als Sinnbild für den die Erde umringenden Astralgürtel mit seinen zwölf Tierkreiszeichen. Und sie wusste wohl, dass gerade diese Weltenschlange der eigentliche „Herrscher dieser Welt" war, dessen Zugriff es sich auf dem Wege stufenweiser Einweihung zu entziehen galt.

Der Greif

Der Greif ist ein fabelhaftes Mischwesen aus dem Altertum, mit dem Leib eines Löwen, Adlerkopf, Flügeln und Krallen; er begegnet uns später noch als Wappentier, auf Gemmen und in der römischen Kunst auf Sarkophagen. In der griechischen Sage dachte man ihn am rhipäischen Gebirge hausend, wo er die Goldschätze des Nordens gegen die *Arimaspen* verteidigte, ein mythisches einäugiges Volk nahe am Polkreis. Als Goldwächter wurden die Greifen auch in Indien, Äthiopien und in anderen Ländern lokalisiert. Er war ein Sinnbild für Hoheit, Macht und wegen des durchdringenden Blicks für Wachsamkeit. Zwei wahrhaft königliche Tiere, der Adler und der Löwe, vereinigten sich in diesem Fabeltier zu einer Synthese.

Der Greif erscheint ursprünglich in der Kunst Mesopotamiens, von wo er in die unter orientalischem Einfluss stehende archaische Kunst Griechenlands eindringt; dort galt er als dem Apollon und der Artemis geheiligt. Der Greif war bereits in der kretisch-mykenischen Kunst verbreitet, wie etwa das berühmte Greifenfresko im Thronsaal von Knossos zeigt; das Motiv selbst war um 1500 v. Chr. aus dem Orient über Syrien nach Kreta gekommen, und im Orient liegen denn auch die Ursprünge dieses Fabelwesens.

Über persische und islamische Sagen wird es dem Abendland erneut bekannt gemacht; in der mittelgriechischen Buchmalerei finden wir ihn unter den Tieren der Arche, und der fabulöse PHYSIOLOGUS, eine Art mythische Tierkunde der späten Antike, nennt ihn zusammen mit dem Einhorn. In der sehr verbreiteten Alexandersage ist es ein mächtiger Greif, der Alexander den Großen nach seinem Tod hinauf in den Himmel trägt. Die Urform des Greifen haben wir in dem altsemitischen *Krb* bzw. *Kerub* zu sehen, aus dem im Judentum der Cherub wurde, eine der ältesten Darstellungen mythischer Tiere, die wir kennen. Die ursprünglichen *ka-ribu* waren machtvolle Schutzfiguren, die überall im Nahen und Mittleren Osten gefunden werden, das älteste sumerische Zeugnis ist rund 6000 Jahre alt. Mit ihnen stehen die riesigen assyrischen Kreaturen in Zusammenhang, mit geflügelten Körpern von Löwen, Adlern, Stieren, Sphinxen und menschlichen Gesichtern, die allerorten die Portale der Tempel flankierten.

Kein Zweifel: diese Wesen fungierten als Boten des Himmels, sie waren Gottesboten oder Engel, aus denen sich erst später die voll vermenschlichten Engel entwickelten. Es waren heilige Wesen, die sich lobpreisend im unmittelbaren Umkreis Gottes aufhielten und vielleicht auch menschlichen Königen oder Priestern Beistand leisteten. Aber anders als der Greif vereinigte der altsemitische Kerub neben dem Löwen und dem Adler auch den Stier und den Menschen in seiner Natur, vor allem der Kopf wurde immer als Menschenkopf abgebildet mit langem geflochtenem Bart nach assyrischer Mode. Löwe, Adler, Stier und Mensch, dargestellt im Bilde der vier Tierkreiszeichen *Löwe, Skorpion, Stier* und *Wassermann*, wurden von den sternenkundigen Eingeweihten Babyloniens als astrale Urgestalten geschaut, die den ganzen Tierkreis trugen, sozusagen die vier Wächter des Himmels. Noch der jüdische Prophet Hesekiel sieht sie in einer Vision als mächtige Cherubim, die in flammender Wolke vom Himmel herabkommen: „Und mitten darin war etwas wie *vier Gestalten*; die waren anzusehen wie vier Menschen (...) Ihre Angesichter waren vorn gleich einem Menschen und zur rechten Seite gleich einem Löwen bei allen vieren und zur linken Seite gleich einem Stier bei allen vieren und hinten gleich einem Adler bei allen vieren." (Hes.1/5-10)

Sie tauchen noch ein zweites Mal in der Bibel auf: in der Weltvision des Johannes als die vier göttlichen Urgeister, die vor dem Thron Gottes stehen: „Und vor dem Thron war es wie ein gläsernes Meer, gleich einem Kristall, und in der Mitte am Thron und um den Thron *vier himmlische Gestalten*, voller Augen vorn und hinten. Und die erste Gestalt war gleich einem Löwen, die zweite Gestalt war gleich einem Stier, und die dritte hatte ein Antlitz wie ein Mensch, und die vierte Gestalt war gleich einem fliegenden Adler." (Off. Joh. 4/7-8) In den „heiligen Tieren" der Assyrer und Babylonier sowie in den „Engeltieren" des Judentums haben wir wohl den Ursprung des Greifen zu sehen. Er ist ein Himmelswesen, den mächtigen Cherubim vergleichbar, und so nimmt es nicht Wunder, dass Dante in seiner *Göttlichen Komödie* die Beatrice auf einem von Greifen gezogenen Wagen vom Himmel herniederkommen sieht:

> *Und einen Wagen sah ich sie umringen,*
> *Den auf zwei Rädern stolz und wundersam*
> *Ein Greif am Halse zog, wohin sie gingen.*[24]

Alle diese Belege weisen darauf hin, dass wir den Greifen als ein spirituelles Symbol zu betrachten haben: Himmelstier und Himmelsbote, eine Verkörperung göttlicher Transzendenz, zuweilen auch ein Christussymbol. Dem steht übrigens nicht entgegen, dass es ein Grimm'sches Volksmärchen über den „Vogel Greif" gibt, in dem dieser als ein christenfressendes Ungeheuer dargestellt wird (Kinder- und Hausmärchen Nr. 165). Aber die Grimm'schen Märchen stammen ja aus dem späten Mittelalter, als der esoterische Gehalt der Ursymbole längst verblasst war.

Die Sphinx

Eigentlich müsste es heißen: *der* Sphinx; denn dies Wesen wurde bei den Ägyptern immer nur männlich dargestellt. Die älteste bekannte Darstellung eines Sphinxwesens, eines geflügelten Löwen mit Menschenantlitz, ist der Sphinx von Gizeh mit dem Gesicht des Pharao Chefren. Bescheiden ruht er zu Füßen der gewaltigen Pyramiden, 73 Meter lang und 20 Meter hoch, aber wer diesem steinernen Königslöwen in das seltsame, zerschlagene Antlitz schaute, dem wird sie zu einem Urweltriesen, der Staunen erweckt, mit einem unheimlichrätselvollen Gesicht und einem in endlose Ferne gerichteten Blick. Die weibliche Form erhielt das Fabelwesen erst in Syrien, und von dort aus erfolgte die Verbreitung nach Kreta und Griechenland, wo sie zumeist rein ornamental verwendet wurde, zum Beispiel als Bekrönung von Grabstelen oder als Weihgeschenk. Die griechische Mythologie nennt die Sphinx als Tochter des Drachen *Typhon* und des Ungeheuers *Echidna*; sie saß im Auftrag der Göttin Hera vor einem der Tore Thebens und stellte jedem Vorübergehenden das Menschen-Rätsel („Was geht zuerst auf vier, dann auf zwei und zuletzt auf drei Beinen?"), wobei sie alle tötete, die es nicht zu lösen wussten. Als Ödipus die Lösung wusste, stürzte sich das Untier in einen Abgrund....

Hier ist die Sphinx zu einem reinen Phantasiewesen verkommen; aber im frühen Ägyptertum finden wir noch etwas von der ursprünglichen Wahrbedeutung. Der Sphinx besitzt in erster Linie natürlich eine esoterische Bedeutung: er ist der Löwenvogel mit dem menschlichem Gesicht, der das geistig-göttliche Sonnenzentrum repräsentiert. Es handelt sich um ein *Symbol für den göttlichen Sonnenlogos*, und wenn dies Wesen

39

die Züge des Pharao Chefren trägt, dann deswegen, weil der Pharao als wesenseins mit dem göttlichen Sonnengeist gesehen wurde. Das Löwenhafte ist ein astrales Sinnbild für die Sonnenkraft. Gleichzeitig weist es hin auf ein längst vergangenes Weltzeitalter, in dem der Frühjahrspunkt noch im Tierkreiszeichen des Löwen stand und nicht wie heute am Ende des Tierkreiszeichens Fische.

Auf der berühmten *Traumstele*, die später zwischen den Pfoten des Sphinx aufgestellt wurde, wird berichtet, wie der Pharao Thutmosis IV. (1419–1386 v. Chr.) bei einem Ausflug im Schatten des gigantischen Standbildes einschlief; da erschien ihm der Sphinx im Traum und gab sich ihm als *Re-Harachte*, eine Erscheinungsform des Sonnengottes Re, zu erkennen: „Erhebe die Augen zu mir und sieh mich an, Thutmosis, mein Sohn; ich bin dein Vater, der Gott Harachte-Re-Atum. Ich werde dir königliche Macht geben, das Land in seiner ganzen Ausdehnung wird dir gehören. .... Seit vielen Jahren ist mein Blick und mein Herz dir zugewandt. Der Sand der Wüste aber, auf dem ich ruhe, erdrückt mich. Versprich mir, dass du mein Begehren erfüllen wirst...“[25] – und Thutmosis ließ, auf diesen Traum hin, den vom Wüstensand schon halb zugewehten Sphinxkörper wieder freilegen. Aber warum wurde der Sphinx überhaupt mitten in der Wüste angelegt? Und ist sein Erbauer tatsächlich Pharao Chephren (2558–2523 v. Chr.), wie immer wieder behauptet wird? *Wie alt ist der Sphinx tatsächlich?*

Die Löwengestalt des Sphinx weist uns hin auf das Große Platonische Jahr, jene gewaltige Wanderung des Frühjahrspunktes durch alle Tierkreiszeichen innerhalb von 25.920 Jahren, sie verweist insbesondere auf das prähistorische *Löwe-Zeitalter* (10.950–8790 v. Chr.), in das die Überlieferung den Untergang des alten Erdteils Atlantis verlegt; aber auch die Wissenschaft sieht in dieser Periode das Ende der letzten Eiszeit. Und Hans Künkel hat in seinem Buch DAS GROSSE JAHR (1922) viel Intuition bewiesen, als er die Sphinxgestalt mit dem Löwe-Zeitalter in Verbindung brachte: „Die Sphinx ist älter als die älteste Pyramide. Sie ist aus den Gesteinsrippen eines heute verschwundenen Felsenberges herausgehauen. In unzugänglichen Gesteinskammern ihres Innern birgt sie das Geheimnis des Äons, das vielleicht in einem einzigen Meisterwort besteht. Die Sphinx von Gizeh hat ein Menschenantlitz und einen Löwenleib. Nach der Symbolik, der sich die alten Völker bedienten und derer wir uns vielleicht unbewusst noch heute bedienen, mögen wir vermuten, dass uns in der Sphinx ein Wahrzeichen des Löwezeitalters erhalten geblieben ist. Um das Jahr 10.000 vor Christi Geburt stand der Frühlingspunkt im Tierkreiszeichen des Löwen."[26]

Und entspricht das Löwe-Weltzeitalter zeitlich denn nicht genau der „Altsteinzeit", von der wir durch Funde hinlänglich wissen, dass Ägypten in ihr unter klimatisch völlig andersartigen Bedingungen von Menschen bereits besiedelt war? Geologische Untersuchungen, die man seit 1979 am Urgestein des Sphinx vornahm, haben massive Wasserschäden am Bauwerk zutage gebracht, die nur durch heftige Regengüsse (Sintflut?) oder durch ein regenreiches Klima wie während der Altsteinzeit bewirkt sein können. Hier die Deutung des Archäologen John A. West: „Lange bevor sich Ägypten in eine Wüste verwandelte, war das Giseh-Plateau eine fruchtbare Savanne. An ihrem Rand häufte sich im Laufe der Zeit Gestein auf, aus dem unbekannte Steinmetze einen gewaltigen Kopf herausschlugen. Den Kopf einer Gottheit oder eines Löwen. Als der Kopf fertig war, wurden

100 Tonnen schwere Kalksteinblöcke herausgeschlagen und am Tal-Tempel sowie am Sphinx-Tempel scheinbar mühelos in Position gebracht. Jahrtausende vergingen, und sintflutartige Regenfälle wetzten die Sphinx nahezu auf ihre heutige Größe. Als der Regen endete, wandelte sich die einst fruchtbare Savanne in die Wüste Sahara um. Der Wüstensand begrub die Sphinx bis zum Hals und konservierte somit das Bauwerk und seine Verwitterungsspuren am Körper. Der Kopf der Sphinx hingegen schrumpfte und wurde möglicherweise neu gemeißelt. Die Könige der vierten Dynastie, die Erbauer der Pyramiden um 2500 v. u. Z., gruben die Sphinx aus und restaurierten den Kopf. Auch Pharao Chefren erbaute die Sphinx nicht, sondern ließ sie lediglich restaurieren."[27] Nach dieser Deutung ist der Sphinx von Gizeh, dies Wahrzeichen einer untergegangen Kultur, rund 12.000 Jahre alt! Der Sphinx würde somit zu den ältesten Kultursymbolen der Menschheit überhaupt gehören; und es besteht kein Zweifel, dass ein so uraltes Symbol tiefe Wurzeln im kollektiven Unbewussten der Menschheit besitzen muss.

Der Phönix

Über den *Wundervogel Phönix* wird uns folgendes berichtet: *„Einen Vogel aber gibt es, der sich selbst verjüngt und neu erschafft. Die Assyrer nennen ihn Phönix. Weder von Korn noch von Kraut, sondern von den Tränen des Weihrauchbaums und dem Saft des Balsamstrauchs lebt er. Hat er ein Alter von fünfhundert Jahren erreicht, so baut er sich auf den Zweigen der Steineiche oder im Wipfel der schwanken Palme mit seinen Klauen und dem reinen Schnabel ein Nest. Sobald er sich darin ein Lager aus Sennesblättern und zarten Rispen der Narde, am Zimtrindenstücken und gelblicher Myrrhe bereitet hat, setzt er sich hinein und endet sein Da-*

*sein in Wohlgerüchen. Darauf soll zu einem gleich langen
Leben aus dem Leib des Vaters ein kleiner Phönix hervorge-
hen. Wenn diesem die Jahre Kraft verliehen haben und er der
Last gewachsen ist, dann befreit er die Zweige des hohen
Baums von der Bürde des Nestes, trägt fromm seine Wiege
und des Vaters Grab durch die leichten Lüfte zur Stadt des
Sonnengotts und setzt es dort vor der heiligen Pforte des
Sonnentempels nieder.*"[28]

Das Urbild des Phönix stammt aus Ägypten. Der
griechische Name *Phoinix* ist nur ein Lehnwort für die
Bezeichnung eines heiligen Vogels, den die Ägypter
Benu oder *Boine* nannten; ursprünglich als Bachstelze,
dann als Reiher dargestellt, galt er als Wesen, das bei
der Erschaffung der Welt auf dem Urhügel erschienen
war. Er wurde als eine Erscheinung des Sonnengottes
Re gesehen und hatte in Heliopolis, der Kultstadt dieses
Gottes, eine eigene Wohnstätte. Später indes wurde er
mit dem Osiris, der stirbt und wiederaufersteht, gleichgesetzt. Wiederauferstehung und Neugeburt ist der
Grundsinn der Phönix-Mysterien. Der Phönix ist ein
Auferstehungs-Symbol und bedeutet esoterisch die Geburt eines neuen spirituellen Ich aus den Schlacken des
alten Ego. Als Sinnbild des durch den Tod sich erneuernden Lebens wurde der Wundervogel mit vielerlei
Umdeutung von Griechen und Kirchenschriftstellern
übernommen; allein von den Römern stammt die Neu-
fassung der Sage, die besagt, der Phönix würde sich alle
500 Jahre in einem Feuersturm selbst verbrennen und
sodann aus der Asche neu aufsteigen; als Heimat des
Fabeltiers wurden nun so sagenumwobene Länder wie
Arabien oder Indien genannt.

Seit dem 2. Jh. n. Chr. übertrugen die Kirchenväter
das Bild des Phönix auf *Christus*. Wir dürfen daher auch
im Phönix ein Sinnbild des Inneren Christus-Lichts

sehen. Aber auch in zahlreiche Märchen ist das Phönix-Motiv eingedrungen. Oft erhält der Held den Auftrag, diesen Wundervogel aus einem fernen Land zu holen, ihn seiner goldenen Federn zu berauben oder ihm Geheimnisse zu entlocken. Dabei hat sich der Phönix, gleich dem Greifen oder dem Einhorn, oft zu einem dämonischen Wesen gewandelt; hieran sieht man, wie in den Volksmärchen der ursprüngliche esoterische Sinn der Ursymbole oftmals völlig verloren ging.

Nymphen und andere Märchenwesen

Die Nymphen

Die Nymphen – wer oder was sind sie eigentlich: bloße Phantasiegestalten, nichts weiter als poetische Erfindungen, oder Projektionen unbewusster Seeleninhalte in äußere Naturerscheinungen? Oder sind sie numinose Geistermächte der Natur, dem menschlichen Auge unsichtbar und verborgen, weil aus feinerem Stoff geformt als aus grobstofflicher Materie?

Die altgriechische Religion kennt die Nymphen als sehr volksnahe Naturgottheiten und verbindet sie in der Regel mit dem wässrigen Element; aber neben den eigentlichen Wassernymphen, namentlich den die Flussquellen umhegenden *Najaden*, kannte man auch die in den Bergen wohnenden *Oreaden* und die in den Bäumen lebenden *Dryaden*. In enger Verwandtschaft zu den Quell- und Wassernymphen standen die im Weltmeer sich tummelnden *Nereiden* und *Okeaniden*, die als Töchter des Meergottes Okeanos galten. In der griechischen Mythologie treten die Nymphen, diese scheuen nixenhaften Gestalten, meist im Gefolge der Wald- und Fruchtbarkeitsgöttin Artemis auf; sie erscheinen aber auch in Gesellschaft anderer Naturgötter, besonders des Pan und des Dionysos.

Vermutlich handelt es sich bei den Nymphen überhaupt um ein älteres Göttergeschlecht in Europa, das nach Ankunft der Indogermanen in den Rang niederer Naturgeister abgedrängt wurde; sie standen aber beim Volke immer noch in hohem Ansehen wegen ihres heilkräftigen Wirkens: als Spenderinnen der Fruchtbarkeit, auch als heilkundige und weissagende Mächte. In römisch-hellenistischer Zeit wurden die Nymphen in der Kunst oft als Wassergottheiten, stehend oder liegend, mit Schale, Muscheln oder Urnen dargestellt. Und auf Inschriften in ehemaligen Provinzen des Römischen Reichs wurden oft einheimische Gottheiten der Kelten, Germanen und anderer Völker als „Nymphen" bezeichnet. Ein orphischer *Hymnus an die Nymphen* lässt diese in erster Linie als Wasser-Elementarwesen erscheinen, als Quellgöttinnen und Flussbewohnerinnen, die in unterirdischen Grotten hausen:

> *Ihr Nymphen, des Okeanos,*
> *Des hochherzigen, Töchter,*
> *Ihr wohnet unter den Grotten*
> *Der Wasserwege der Erde,*
> *Verborgen hausende Ammen des Bakchos,*
> *Unterirdische, reich an Freuden,*
> *Nährerinnen der Früchte,*
> *Wiesenbewohnende,*
> *Im Zickzack laufende, Heilige,*
> *Ihr freut euch der Höhlen, belustigt in Grotten,*
> *Ihr durchwandelt die Luft;*
> *Quellgöttinnen, spendend den Tau,*
> *Läuferinnen im leichten Schritt,*
> *Unsichtbare, Erscheinende,*
> *Reich an Blumen, in Gräbern wohnend,*
> *Ihr tanzt mit Pan auf den Bergen.*[29]

Die Nymphen des griechischen Mythos treten nicht allein als Wassergeister auf, auch nicht nur als Baumgeister, sondern sie durchweben mit ihrem heilsamen Wirken die ganze Natur. Sie sind also Naturgeister in des Wortes weitester Bedeutung. So erwähnt Hesiod in seinem Werk *Theogonie* auch „Nymphen, die da die

Schluchten und Klüfte der Berge bewohnen", und er berichtet, diese Bergnymphen seien einst von Gaia, der uralten Erdgöttin, erschaffen worden. Im Mythos von *Pan und der Nymphe Syrinx* wird erzählt, wie sich eine von Pan bedrängte Nymphe in ein Schilfrohr verwandelt; wenn die Nymphen also im Schilf leben können, dann mögen sie gewiss auch in Sträuchern, Blumen und Gräsern anzutreffen sein. Die Nymphenwelt durchwebt wie eine Geisterschar die Natur als Ganzes.

Im antiken Griechenland hießen die Baumnymphen der Eichen, die – da dem Hauptgott Zeus geweiht – als besonders geheiligt galten, *Dryaden*, hergeleitet vom griechischen *drys*, die Eiche. Dabei wurde in der Regel angenommen, dass der Nymph mit dem von ihm bewohnten Baum auch stirbt, weshalb von Nymphen bewohnte Bäume als heilig und unantastbar galten. Es gab wohl auch solche Eichennymphen, die frei von Baum zu Baum ziehen konnten, aber jene, die an ihren Baum derart gebunden waren, dass sie mit ihm zusammen starben, hießen *Hamadryaden*.

Nymphen konnten jederzeit Baumgestalt annehmen: Als die Nymphe Daphne von Apollo bedrängt wurde, verwandelte sie sich flugs in einen Lorbeerbaum; der Lorbeer galt seither als ein dem Apollo geweihter Baum. Ja, die Bäume des Waldes erschienen den antiken Völkern überhaupt nur als verwandelte Nymphen, und es gab ganze Scharen von Waldnymphen, die den verschiedenen Baumarten zugeordnet wurden. Die Dryaden und Hamadryaden wohnten in den Eichen, die *Karyatiden* in den Walnussbäumen; die *Meliai* galten als die beseelenden Geister der Eschen, die *Meliaden* als die Wesenheiten der Apfelbäume, und die *Heliaden* wohnten in den Pappeln. So war der Wald eine geheiligte, von Nymphen bewohnte Zauberwelt. Hinweise auf den in der antiken Welt weit verbreiteten Nymphenglauben finden sich auch bei Homer, dem – neben Hesiod – bedeutendsten Dichter der Griechen.

In dem homerischen *Hymnus an Aphrodite* fragt Anchises die ihm erscheinende Göttin: „Bist du eine der Nymphen, die hausen in lieblichen Hainen?"; denn allzu leicht konnten diese halbgöttlichen Bewohner der Naturwelten mit den Göttern verwechselt werden. Und noch an späterer Stelle erzählt uns dieser homerische Hymnus von Nymphen,

die allhier das große, geweihte Gebirge bevölkern, und die
nicht zu Menschen und nicht zu den Göttern gehören.
Lange leben sie hier, genießen himmlische Speise,
und sie schwingen sich oft in schönen Reigen mit Göttern.
Mit den Nymphen zugleich auf menschenernährender Erde
sind die Fichten entstanden, die hohen Wipfel der Eichen,
Herrlich in ihrem Grün auf ragenden Gipfeln der Berge
Stehen sie stolz und hoch, und die Bezirke der Götter
Nennt man sie, und so darf kein Eisen sie fällen.
Aber naht auch ihnen einmal das Schicksal des Todes,
Dann im Boden verdorren zuerst die herrlichen Bäume,
Ihre Rinde vertrocknet, die Zweige fallen hernieder, und es
scheiden zugleich vom Licht die Seelen der Nymphen.[30]

„Bezirke der Götter" wurden die Eichenhaine also genannt, und „kein Eisen der Menschen" durfte sie fällen! Bei dem von Nymphen bewohnten, geweihten Gebirge, das der Hymnus erwähnt, handelt es sich um das Ida-Gebirge, ein Gebirgszug in Kleinasien etwa 40 km südöstlich von Troja, nicht zu verwechseln mit dem gleichnamigen Gebirge auf Kreta. Das religiös begründete Verbot des Bäumefällens galt bei den Griechen nicht allgemein, ja es muss gefragt werden, ob es tatsächlich außerhalb der geweihten Bezirke irgendwo ernsthaft eingehalten wurde. Nur die Bäume in den Götterhainen waren geschützt; außerdem kennen wir das Verbot, Ölbäume zu fällen. Der Ölbaum war der Pallas Athene geheiligt.

Die Elfen

Mit den Nymphen des griechischen Mythos stehen die *Elfen* des europäischen Nordens in enger Verwandtschaft. Elfen, Elben, Wichte, Schratte – so nannten die nordischen Völker einst geisterhafte Wesen, die man in Wind und Wolke, im wogenden Wasser wirken sah, aber auch in Bergen, Hügeln und Wäldern beheimatet dachte. Sie sind auch mit dem kleinwüchsigen Hügelvolk der Zwerge verwandt, diese koboldartigen Geister; im Isländischen heißen sie daher *hulduvolk*, bei den Norwegern Huldrer, das heißt die Unterirdischen. Als friedliches, dem Menschen wohlgesinntes Volk von Landgeistern stehen sie im Gegensatz zu den „Riesen", der Verkörperung feindlicher, bedrohlicher Elementargewalt.

Das Wort „Elfe", eigentlich Elbe, geht auf das altnordische *alfr* zurück. In der germanischen Mythologie wird das Reich der Elfen als „Alfheim" bezeichnet: ein unsichtbares Naturreich, das der Obhut des Vegetationsgottes Freyr untersteht. Das mittelhochdeutsche Wort *alp* – vom germanischen alf, Albe – verweist noch auf das Vorhandensein einstigen Elfenglaubens. Der mittelalterliche Alb bezeichnet allerdings das nächtlich auftretende Mahrengespenst, woran man ersehen kann, wie sehr der ursprünglich heidnische Naturgeisterglaube in christlichen Zeiten diffamiert wurde. Elfen sind allerdings nach Art und Wirkungsweise durchaus nicht einheitlich; die Snorra Edda unterscheidet ausdrücklich zwischen lichten und finsteren Elbenwesen, zwischen den schönen und freundlichen „Lichtelfen", *ljosalfar*, und den kleinen und hässlichen „Schwarzelfen", *svartalfar*. Die Lichtelfen kann man als Sylphen, die Schwarzelfen als Gnome bezeichnen: somit wären sie nichts anderes als die Elementarwesen der Luft und der Erde.

Aber zu den Lichtelfen sind wohl auch die in den Alpensagen häufig erwähnten Wilden oder Saligen Fräulein zu rechnen, die scheu in Bergesschluchten wohnen, wo sie die Hirten und ihre Herden beschützen. Überhaupt ist das Luft-Element nicht der hauptsächliche Wohnsitz der Elfen; viel eher käme da der Wald in Frage; auch in unterirdischen Gefilden wohnen die Elfen, insbesondere in den geheimnisvollen Elfenhügeln, die eine Entsprechung zu den irischen Feenhügeln darstellen. Da der Wassernix zuweilen auch als Elf bezeichnet wird, kommt zu Luft und Erde das Wasser als drittes Element hinzu; die Elfen sind demnach Elementarwesen in des Wortes allgemeinster Bedeutung. Nur mit dem Feuer scheinen sie nichts zu tun zu haben.

Die Sinnesart der Elfen entspricht weitgehend jener der irischen Feen. Eine sofort ins Auge fallende Gemeinsamkeit zwischen beiden Gruppen scheint die Musikliebe zu sein. Die Elfen, so wird berichtet, lieben Musik und Tanz: unermüdlich bringen sie ganze Nächte mit diesem Vergnügen zu, bis sie der Strahl der aufgehenden Sonne zwingt, innezuhalten. Man erblickt jedoch ihre Spuren als Kreise, die sie ins tauige Gras getreten haben: ein Hinweis auf einen Elfentanzplatz. Der sirenenhafte Gesang der Elfen wird ebenfalls oft erwähnt; wenn er ertönt, horchen alle Wesen auf, Menschen und Tiere; der Eichenwald stellt sein Rauschen ein, der Strom seinen Lauf. Niemand kann sich der zauberischen Macht solchen Getöns entziehen. Über das Äußere der Elfen schrieb Wilhelm Grimm, sie seien „in ihrer wahren Gestalt kaum einige Zoll hoch", und sie hätten einen „luftigen, fast durchsichtigen Körper, der so zart ist, dass ein Tautropfen, wenn sie darauf springen, zwar zittert, aber nicht auseinanderrinnt"[30].

Weiterhin wird berichtet, dass die Elfen immer in Gruppen auszuschwärmen pflegten, da sie kein eigenes Ich hätten, sondern nur als Gruppenseele existierten. Die Gruppenseele eines Elfenvolkes wird energetisch gebündelt in der Person eines führenden Wesens, das als Elfenkönig seinem Volk vorsteht. Im west- und mitteleuropäischen Sagengut werden *Alberich* und *Oberon* als solche Elfenkönige genannt. Das älteste Zeugnis deutschen Elfenglaubens findet sich um 1200 bei dem thüringischen Dichter Heinrich von Mohrungen; er singt in einem Gedicht von der berückend schönen Geliebten, die ihn „wie eine Elbin" (diu elbe) mit ihrem Blick bezaubert habe. Das Wesen der Elfen hat von jeher als betörend gegolten; im Mittelalter bedeutete das Wort „elbisch" oft auch „verwirrt". Seinen eigentlichen Sinn erhielt der Begriff des Elfen erst, als Bodmer die in Miltons PARADISE LOST oft vorkommenden *faery elves* mit „Aelfen" übersetzte und Wieland das gleiche Wort für die bezaubernden weiblichen Geister in Shakespeares SOMMERNACHTSTRAUM benutzte. Über die Dichter des Göttinger Hainbunds wurde das Wort dann endgültig in die deutsche Literatur eingeführt, wo es bis zum heutigen Tag als ein Synonym für Naturgeister verwendet wurde.

Man könnte vielleicht meinen, dass Wesen wie die Elfen – der germanischen Mythologie und dem Volksglauben der nordischen Länder entsprungen – in der modernen hochtechnisierten Welt ihre Bedeutung verloren hätten. Aber das Gegenteil ist der Fall! Angebahnt wurde die Wiederkehr der Elfen durch die Fantasy-Literatur: In Tolkiens Epos DER HERR DER RINGE wurden das Elfenreich und seine Bewohner, aber auch Zwerge, Trolle und andere Naturwesen derartig plastisch geschildert, dass sich Millionen Leser diesem Zauber nicht entziehen konnten. Es gibt heute immer noch Menschen, die über die seltene Gabe verfügen, Elfen visuell wahrzunehmen: als schemenhafte Geistgestalten, die übrigens genauso aussehen, wie sie in den Volksüberlieferungen und Märchen geschildert werden.

Über eine solche hellschauende Natursichtigkeit verfügt auch Dora van Gelder, eine Amerikanerin, die lange Zeit Vorsitzende der dortigen Theosophischen Gesellschaft war. Sie, die seit ihrer Kindheit die Elfen regelrecht „sehen" konnte, beschreibt das Aussehen dieser kleinen transparenten Naturwesen wie folgt:

„Sie (eine typische Wald- oder Gartenelfe) ist etwa 75 cm groß, besitzt einen schlanken Körper und einen Kopf, der im Vergleich zu dem des Menschen zu groß für ihren Körper erscheint. Dieser besteht aus einer Substanz, welche sich noch am ehesten mit Dampf vergleichen lässt; dabei ist die Form selbst jedoch deutlich erkennbar. Die Körpersubstanz entspricht etwa dem aus einem Teekessel ausströmenden Dampf und lässt den Vergleich mit einer Gaswolke zu. Dieses Gas ist allerdings feiner als die leichteste Substanz, die uns bekannt ist, und es ist schwerer auszumachen als Helium oder Wasserstoff. Es existiert trotzdem als Form, die von Lebensenergie durchdrungen und zusammengehalten ist. Der richtige Körper ist smaragdgrün und von ziemlicher Dichte. Er wird von einer wesentlich dünneren Schicht des gleichen Materials umhüllt, in der aber weniger Energie pulsiert. Jene dünnere Schicht weist ein helleres Grün auf. (....) Die Elfe ist in der Lage frei umherzuschweifen, ihren Aufenthaltsort nach Belieben zu wechseln."[32]

Elfen sind demnach grün schillernde Energiewesen; so zumindest zeigen sie sich dem Auge des Hellsichtigen. Die kleinsten Elfen sind überhaupt nur tanzende Lichtfunken, in grünliches Gas gehüllt – die größten schon ganz menschenähnliche Wesen mit leicht durchsichtigen Schmetterlingsflügeln. So scheint es, dass die Natur ihres Zaubers noch nicht ganz beraubt ist: der elfische Zauber einer Landschaft wird auch solche Menschen in seinen Bann ziehen, die nicht in der Lage sind, Elfen visuell wahrzunehmen.

Die Feen

Und wer sind die *Feen*? Reine Phantasiegebilde? Oder gibt es sie tatsächlich? In einigen abgelegenen Gebieten Europas, die heute meist als „rückständig" gelten, etwa in den westlichen Teilen Irlands mit gälisch sprechender Bevölkerung, hat sich der Feenglaube bis heute lebendig gehalten. Ein Zeugnis davon geben die von Thomas C. Crocker gesammelten, von den Gebrüdern Grimm 1826 ins Deutsche übersetzten IRISCHEN ELFEN-MÄRCHEN, die zu den klassischen Texten der Weltliteratur zählen. Immer wieder wird dort von Begegnungen zwischen Menschen und Feen berichtet, doch handelt es sich dabei kaum um „Märchen" im üblichen Sinne, sondern um übersinnliche Erlebnisse einzelner Menschen, die sich ihrer Eindringlichkeit und Häufigkeit wegen dem Volksgedächtnis tief eingeprägt haben. Der heutige Großstadtmensch, der in einer naturfremden Kunstwelt lebt, kann kaum noch solche Erlebnisse nachvollziehen.

Das Feenreich nannten die gälisch sprechenden Kelten Irlands *Thierna na oge* – das *„Land der ewigen Jugend"*.

Hierüber erfahren wir folgendes: „Unter dem Wasser befindet sich ein Land, so gut wie oben, wo die Sonne scheint, Wiesen grünen, Blumen blühen, Felder und Wälder abwechseln, Städte und Paläste, nur viel prächtiger und glänzender, sich erheben und das von glücklichen Elfen bewohnt ist. Hat man in dem rechten Augenblick an den Ufern des Sees die rechte Stelle gefunden, so kann man alle diese Herrlichkeiten mit Augen sehen. Einige, die ins Wasser gefallen sind, haben bei ihrer Heimkehr Bericht abgestattet. Diese Unterwelt heißt das Land der ewigen Jugend, weil die Zeit dort keine Macht hat, niemand altert, und wer viele Jahre da unten gewesen ist, den hat es nur einen Augenblick gedeucht. An gewissen Tagen bei aufgehender Sonne erscheinen diese Elfen auf der Oberfläche des Wassers, in größter Pracht und in allen Farben des Regenbogens schillernd. Mit Musik und Tanz, in ungezügelter Lust ziehen sie einen bestimmten Weg auf dem Wasser dahin, das unter ihren Füßen sowenig weicht als die feste Erde unter den Tritten der Menschen, bis sie endlich im Nebel verschwinden."[33]

Aber nicht nur unter der Wasseroberfläche befindet sich das Feenreich, sondern auch unter dem Erdboden, besonders in jenen geheiligten Feenhügeln, die in Irland als *fairy hills* oder *sidhe* in Kreisen der Landbevölkerung noch in jüngster Vergangenheit höchste Verehrung genossen haben. Noch im Jahre 1958 konnte die geplante Erweiterung des Flughafens Shannon im Süden Irlands nicht durchgeführt werden, weil – wie damals auch die Zeitung berichtete (DIE ZEIT vom Oktober 1958) – die als heilige Orte geltenden Feenhügel bei den Planierarbeiten Schaden nehmen würden; die beteiligte Baufirma versicherte, „kein irischer Arbeiter sei bereit gewesen, Spitzhacke oder Grabschaufel in den von Feen bewohnten Hügel zu senken"[34]. Auch Autobahnen, Landstraßen und Feldwege sind stets so angelegt worden, dass sie den Feenhügeln in weiten Bögen ausweichen, um nicht den Frieden der dort Wohnenden zu stören. Allerdings soll die Feenverehrung in Irland seit Mitte der 50er Jahre stark zurückgegangen sein.

Die Feen gelten heute meist als Phantasiegebilde, beheimatet im Reich der Poesie und der Märchen, im Volksbrauchtum noch abergläubisch verehrt in einigen abgelegenen Randgebieten Europas. Wer würde heute wohl annehmen, dass die Feen Irlands ursprünglich ein mächtiges Göttergeschlecht waren? Die Feen des irischen Volkglaubens sind kümmerliche Abkömmlinge der alten heidnischen Götter Irlands, die allerdings von noch mächtigeren Göttern besiegt und in die unterirdischen Reiche der Felsen-Grabkammern und Feenhügel abgedrängt wurden. Jeder Gau hat in Irland sein eigenes unterirdisches Feenreich, wo die ehemaligen Götter als Feenkönige und –königinnen herrschen; ihr bedeutendstes Zentrum liegt am Boyne-Fluss bei der neolithischen Ganggrabanlage von *Newgrange*. In der Bretagne werden die Feen ähnlich mit den Menhiren und anderen Steinsetzungen der Vorzeit in Verbindung gebracht; als fruchtbarkeitsspendende und heilkundige Geister werden sie von der Landbevölkerung verehrt. „Feenstein", *La Roche aux Fees*, ist in der Bretagne ein häufiger Name für Dolmen-Anlagen.

Also nicht immer waren die Feen jene Landgeister, Kobolde und zwergenhaften Fruchtbarkeitsdämonen, als die sie im heutigen irisch-bretonischen Keltentum gelten; ursprünglich nahmen sie den Rang von Hochgöttern ein: schicksalsbestimmende Mächte, wie der Name schon sagt („Fee" kommt vom lateinischen *fatum*, Schicksal). Auch im Märchen greift die „gute Fee" stets schicksalsbestimmend in das Leben des Helden ein; dennoch können wir den Ursprung des Feenglaubens nicht im starren römischen Schicksalsbegriff des „Fatum" erblicken, sondern eher in uralten druidischen Mysterien, die seit der Christianisierung der keltischen Völker unbehelligt von der Kirche in den Traditionen des Volksbrauchtums weiterleben. Jedenfalls ist der volkstümliche Feenglaube der Bretonen und Iren der letzte Überrest, der sich bis heute von den uralten nordisch-druidischen Mysterien erhalten hat. Aber auch in der abendländischen Dichtkunst und Literatur hat der Feenglaube überlebt, der zusammen mit dem König-Artus-Sagenstoff in die Bretagne gebracht wurde und von dort aus nach Frankreich und in die ganze romanische Welt mit ihren Troubadouren und Minnesängern hingelangte. Im älteren romanischen Volkstum muss der Feenglaube in Verbindung mit Dolmen und Menhiren große Bedeutung gehabt haben; literarisch fand er seinen Niederschlag vor allem in den 12 LAIS-Versnovellen der *Marie de France*, entstanden um 1160. In der Vorstellung zauberkundiger Feen wie Morgaine, Viviane, Nimue mochte die Erinnerung an die magische Macht weiser Frauen nachklingen. Und wenn die Feenwelt in Shakespeares SOMMERNACHTSTRAUM gar in die Weltliteratur Eingang gefunden hat, dann bleibt diese Welt doch ein keltisches Erbe – ein Geschenk des Keltentums an die abendländische Menschheit.

Die Welt der Naturgeister

Ob wir sie nun als Feen, Elfen oder Nymphen bezeichnen – es handelt sich dabei um dieselben Wesenheiten, um Naturgeister in des Wortes weitester Bedeutung, die möglicherweise einem degenerierten Göttergeschlecht einer weit zurückliegenden Urzeit entstammen. Es sind Wesenheiten, die in den Erdentiefen, in den Reichen der vier Elemente, in Bäumen und Gräsern leben, durchsichtig, oft von zwergenhafter Gestalt, längst in das Reich der Poesie und des Märchens eingegangen, aber immer noch abergläubisch verehrt in einigen als „rückständig" geltenden Randgebieten Europas. Es unterliegt keinem Zweifel, dass hinter diesen Wesen uralte Vorstellungsbilder unserer Seele stehen, die wahrscheinlich einer sehr tiefen Schicht unseres kollektiven Unbewussten entstammen. In diesen Geistgestalten, die Traumbildern gleich aus dem Reich des Mythos und aus den Tiefen unserer Seele heraufsteigen, müssen wohl sehr machtvolle Archetypen wirken, die immer dann in Erscheinung treten, wenn wir Numinoses in der Natur erfahren.

Deshalb haftet dem Nymphenglauben auch etwas Überzeitliches an; die Nymphen geistern nicht nur durch die Werke der Dichter, sondern auch durch alle Zeiten und Kulturen, einerlei mit welchen Namen sie benannt werden. Im Zeitalter der Renaissance war es der große Arzt und Naturforscher *Paracelsus* (1493–1541), der sich um eine Wiederbelebung des alten heidnischen Nymphenglaubens bemühte. Paracelsus sah das ganze Universum als lebendigen und durchseelten Organismus, den zahlreiche Naturgeister und Elementarwesen bewohnen. Hierzu zählen natürlich auch die baumbewohnenden Geister, die Paracelsus wie Goethe aus eigener Anschauung kannte: „Zweitens wisset, dass mitunter Bäume und dergleichen gefunden werden, die Blut geben, wenn man darein schlägt, ohne dass dies, wie oben steht, durch Zauberei bewirkt würde. Wisset, dass dann eine Nymphe darin ist, denn diese sind Geister und haben Blut und Fleisch und haben die Natur von Geistern und sind von anderer Natur als wir, ihrem Wesen entsprechend."[35]

Paracelsus hat das Reich der Naturgeister besonders poetisch in seinem LIBER DE NYMPHIS, SYLPHIS, PYGMAEIS ET SALAMANDRIS beschrieben. Die vier Elemente betrachtet er als die Wohnorte der Naturgeister, die er nach ihren üblichen Bezeichnungen benennt: *Gnome* die Geister der Erde, *Undinen* die belebenden Geister des Wassers, *Sylphen* die Luftgeister und *Salamander* die Elementarwesen des Feuers. Diese Bezeichnungen haben sich im abendländischen Kulturkreis seit Paracelsus allgemein eingebürgert. Ein allzu vorschnelles Urteil würde es jedoch bedeuten, den Glauben an eine Welt der Feen, Nymphen und Elementargeister als bloßen „Aberglauben" abzutun. Vielleicht stehen hinter diesen mythischen Wesen im Seelenleben des Menschen tief verwurzelte Archetypen, in denen sich durchaus reale Erlebnis-Wirklichkeiten kundtun.

Die Welt der Naturgeister, Elementarwesen, der Wald- und Baumnymphen ist durchaus kein Phantasieprodukt, auch kein Aberglaube aus urfernen Zeiten, sondern sie ist eine die Diesseitswelt von innen her durchdringende Gegenwelt, die von den hierfür geöffneten Menschen jederzeit spirituell erfahren werden kann. Die unzähligen Sagen aus Antike und Mittelalter, die von Elfen, Nymphen, Wassernixen und geisterhaften Baumbewohnern handeln, sind nicht bloß frei erdichtet, sondern entspringen spirituellen Erfahrungen, die den damaligen Menschen in ihrer hellsichtigen Naturverbundenheit noch möglich waren. Freilich: Wie Naturgeister „wirklich" aussehen, weiß niemand, weil der Mensch bei der Begegnung mit der in der Natur waltenden Geistigkeit immer gewisse „archetypische Bilder" verwendet, die tief in den Schichten des Unbewussten wurzeln. Spirituelle Erfahrungen mit Naturgeistern sind auch in unserer heutigen, sonst so prosaischen Zeit möglich, wie zahlreiche Zeugnisse belegen. Die Nymphenwelt bleibt uns nicht verschlossen!

So hat beispielsweise die Naturschützerin, Umweltpädagogin und Buchautorin *Sigrid Lechner-Knecht* in ihrem Buch DIE HÜTER DER ELEMENTE (1989) zahlreiche Zeitzeugen aufgeführt, Erwachsene wie auch Kinder, die Naturgeistwesen mit eigenen Augen gesehen haben wollen. Ein besonderes Gewicht erhält das Zeugnis der amerikanischen Seherin *Flower Newhouse*, die als medial veranlagte Person seit vielen Jahren Erfahrungen mit „Lichtwesen" gesammelt hat. „Mit geistig erwachten Sinnen lässt sich erkennen", schreibt sie in einem persönlichen Erfahrungsbericht, „wie alles Gedeihen auf Erden auf dem Wirken kleiner zierlicher Wesen beruht, die sich in Harmonie mit der zarten, verfließenden Sphärenmusik bewegen. Wälder und Berge, obwohl einsam und unbewohnt, zeigen sich von vielen großen, gütigen Wesen bevölkert, die über Bäume, Seen und Berge wachen. Zu allen Tageszeiten können die glücklichen Sylphen wahrgenommen werden, geschäftig in ihren lyrischen Aktivitäten in den Lüften. Während der wichtigsten Tageszeiten – Morgendämmerung, Mittag und Sonnenuntergang – werden die glühenden Sonnenengel am Horizont sichtbar."[36]

Die Nymphen der Bäume, von ihr „Baumdevas" genannt, beschreibt die in Kalifornien lebende Amerikanerin so: „Ein Baumdeva ist nach unseren klassischen Schönheitsidealen nicht als ‚schön‘ zu bezeichnen, da seine Gestalt zu lang gezogen und eng erscheint, sein Gesicht zu dreieckig. Doch die Engel, die diese Waldungen hüten, besitzen dafür etwas sehr Kostbares – grenzenlose und ewige Energie. Sie erscheinen als hellgrüne Geschöpfe, mit blitzenden Augen, die mit ihrer Votalität und durchdringenden Strahlkraft auf uns einwirken. Häufig sind diese Devas so groß wie der Baum, den sie überschatten, obwohl sie meist viel schlanker als der Stamm geformt sind. Ich habe zu verschiedenen Zeiten einige Stunden damit verbracht, einen Baumdeva zu beobachten, wie er von Baum zu Baum wanderte, seine lebensspendende Energie verteilend. Jene Menschen, die die Natur lieben, ziehen die Aufmerksamkeit der Baumdevas an und erhalten vielleicht durch ihn eine Taufe mit erneuernden Lebenskräften."[37]

Diese turmhohen, grünlich schimmernden Wesenheiten, länglich von Gestalt und mit dreieckigen Gesichtern, erinnern an die von J. R. R. Tolkien geschilderten *Ents*; sie erscheinen als Walddämonen von riesenhaftem Wuchs, aber sie gleichen überhaupt nicht jenen überaus zarten mädchenhaften Gestalten, die anderswo als Baumelfen geschildert werden. Aber die Welt der Naturgeister scheint, je nach örtlicher Lage und Vegetation, äußerst vielgestaltig in Erscheinung zu treten. Sie zeigt sich dem visionär sehenden Betrachter vielleicht mal furchterregend und bedrohlich, mal wieder anmutig und liebreizend, ähnlich wie auch die äußerlich sichtbare Natur viele Gesichter hat: mal geht da ein Toben wilder titanischer Elementarkräfte vor sich, wie etwa bei Gewittern oder Vulkanausbrüchen, mal ist es wieder ein stilles geheimnisvolles Weben, das alles in der Natur verzaubert, wie etwa in anmutigen Nächten bei Mondschein. Je nachdem, in welcher Gestalt die Natur sich uns zeigt, wirken jeweils ganz andere Geistwesen in ihr: große oder kleine, schöne oder hässliche, elfenhafte oder riesenähnliche.

Nicht jeder besitzt die Fähigkeit, die Naturgeister medial zu „sehen", aber jeder dürfte in der Lage sein, die Anwesenheit einer zauberhaften Geisterwelt in der Natur zu erahnen. Für den amerikanischen Dichter und Schriftsteller *Ralph Waldo Emerson* (1803–1882), ursprünglich ein puritanischer Prediger, der seine Kirche verließ, um sich ganz der Natur hinzugeben, wurde der Wald gar zu einer Stätte der Gottesbegegnung: „Im Wald war Gott mehr anwesend als in einer Predigt. In der Kathedrale der Lärchen breitete ihn der Bärlapp aus, die Drossel sang ihn, die Spottdrossel tönte ihn, die Anemone strahlte ihn aus, und der wilde Apfelbaum blühte ihn. Die Ameisen bauten emsig an ihrem Hügel; der wilde Wein setzte Knospen an; der Roggen schoss in den Halm. Hoch über uns und über den Wolken segelte der blasse, gehörnte Mond in steter Fahrt nach Westen durch ganze Flotten von kleinen Wölkchen. Die zarten Bündel der Birken erglänzten unten im Grün. Die Fichten verströmten ihren Duft in der Sonne. Alles rüstete sich für die heißen, gewittrigen Tage des Hochsommers."[38]

Das Geheimnis der vier Elemente

Die vier Elemente – Erde, Wasser, Luft und Feuer – sind nicht nur chemische Aggregatzustände, sondern auch geistige Qualitäten, Schwingungs-Ebenen und somit Orte der Einweihung. In den Isis-Mysterien musste der Initiand die Schwelle zum Totenreich durchschreiten, und wenn er durch die Reiche der vier Elemente hindurchgegangen war, konnte er die „Sonne zu Mitternacht" erstrahlen sehen. Ein Eingeweihter dieser Mysterien, der römische Schriftsteller *Apuleius* (geb. um 125 n. Chr.), bekennt: *„Ich kam an die Grenzscheide von Leben und Tod. Ich übertrat in der Unterwelt die Schwelle der Proserpina, und nachdem ich durch alle vier Elemente gefahren, kehrte ich wieder zurück. Zur Mitternacht sah ich die Sonne in hellem Lichte strahlen."*[39]

Die mystische Mitternachts-Sonne offenbart sich nur demjenigen, der eingeweiht war in die Mysterien der vier Elemente. Das Hindurchgehen durch die Elementarreiche war ein Prozess der Bewusstseins-Weitung, der den Initianden mit den höheren kosmischen Ebenen in Verbindung brachte. Auch der Pharao, dieser hohe Sonnen-Eingeweihte auf dem Königsthron, musste das Reich der vier Elemente durchwandert haben: „Die Führung, die dem Pharao zuteil wurde, die Einweihung, die er bekam, diese Schule forderte: hindurchgehen zu können durch die Elemente der Erde. Er musste die Fähigkeit erwerben, sich Feuer, Wasser, Luft und Erde auszusetzen, und zwar nicht nur mutvoll, sondern er musste es lernen, in einer Art hinhorchender und hinlauschender Haltung mit den Elementen umgehen zu können. (....) Der Einzuweihende, der durch die Elemente hindurchzuschreiten hatte, hatte seine Ich-Kraft gewonnen, er konnte damit bewusst in das Sternenall eintauchen."[40]

In der esoterischen Freimaurerei wurde ursprünglich ein Ritual der *Reinigung durch die vier Elemente* praktiziert, das die Entwicklung des Bewusstseins mit Hilfe der elementaren Wesenheiten darstellt; hierbei wurde offenbar an die ägyptische Einweihung angeknüpft. Das erste Element der Erde war symbolisiert durch eine dunkle Kammer, in die der Aufzunehmende eingesperrt wurde; danach musste er drei Reisen antreten. Die erste brachte ihn mit der Luft in Berührung, die zweite mit dem Wasser, die dritte mit dem Feuer. Am Ende erblickte der Suchende eine Inschrift, die lautete: „Wer diese Reisen allein und ohne Furcht überstanden hat, wird durch Feuer, Wasser und Luft gereinigt sein, er wird die Schrecken des Todes überwunden haben, er wird berechtigt sein, den Schoß der Erde zu verlassen, um zu den Offenbarungen der großen Mysterien zugelassen zu werden."[41]

In allen Kulturen der Menschheit gab es eine Elementenlehre; die Alten Chinesen kannten fünf Elemente: Erde, Wasser, Feuer, Holz und Metall. Die klassische abendländische Elementenlehre geht auf den Naturphilosophen *Empedokles* (490–430 v. Chr.) zurück. Dieser hohe Eingeweihte, durch Hölderlin zur Weltgestalt erhoben, führte alles Werden und Vergehen der Welt auf die Anziehung oder Abstoßung von vier Grundstoffen zurück, die den Urgrund aller Dinge darstellen. Anziehung und Abstoßung, Verbindung und Trennung, Liebe und Hass – in diesem Gegensatzpaar entfaltet sich für ihn alles Weltgeschehen.

Es ist jedoch notwendig, über die vier bloß physischen Elemente noch hinauszugehen; denn hinter allem

Physischen stehen unsichtbare Wirkkräfte, waltet geheimnisvoll eine geistige Welt. Den vier physischen Elementen entsprechen vier mystische Elementarreiche im Bereich des Äthers – sie heißen: der Lebensäther, Klangäther, Lichtäther und Wärmeäther. Der Lebensäther, im Indischen auch *Prana* genannt, liegt dem Element Erde zugrunde; der Klangäther dem Wasser, der Lichtäther der Luft und der Wärmeäther dem Feuer. Alle vier Ätherarten zusammen bilden jenen großen Welten-Äther, der als das "fünfte Element" im eigentlichen Sinne allen physisch-organischen Bildungen dieser Welt zugrunde liegt.

Der Gang durch die vier Elemente ist also nicht nur der physische Kontakt mit den Kräften der Erde, des Wassers, Feuers und der Luft, sondern auch eine Reise durch vier Ätherreiche. Dabei stellt das Eintauchen in den Äther selbst schon eine Einweihung dar. Denn dieser Grundbaustoff der Welt, den die Griechen einst *aither* nannten, ist mit materiellen Begriffen überhaupt nicht zu fassen, sondern etwas durchaus Feinstoffliches und somit schon die erste Stufe zu den höheren geistig-göttlichen Welten. Die Ätherreiche der vier Elemente stehen aber auch in Beziehung zu inneren Seelenqualitäten des Menschen. So entspricht die Erde dem Wahrnehmen, das Wasser dem Fühlen, das Feuer dem Wollen, die Luft dem Denken – und der Äther als das fünfte Element der Intuition. Wahrnehmen, Fühlen, Wollen, Denken, Intuieren – sie bilden eine fünffach gestufte Hierarchie menschlicher Seelenvermögen, die in Bezug stehen mit den fünf Elementen.

Es wird von daher verständlich, dass ein Hindurchgehen durch die vier Elemente und den Äther eine vertiefte Selbsterfahrung des Menschen darstellt. Die Elemente wollen uns etwas lehren, und wenn wir uns diesen Lehrmeistern hingeben, dann erfahren wir uns selbst als Seelen-Innenraum und zugleich Teil des großen Weltenraums in der Außenwelt. Letztendlich sind die vier Elemente Erde, Wasser, Feuer und Luft vier mystische Bewusstseinszustände, aus denen das Weltganze sich zusammensetzt; jedes dieser Elemente hat "Bewusstsein" und trägt seine urnatürlichen Geister in sich – also die Erdgeister, Wassergeister, Feuergeister und Luftgeister, die als geheime Naturkräfte die ganze sichtbare Welt durchleben. Man nennt sie auch die Elementargeister; und jede Einweihung in die vier Naturreiche wird den Initianden mit diesen Geistern in Berührung bringen.

Die Bezeichnungen dieser Geister wurden erstmals von dem Schweizer Heilkundigen und Natur-Eingeweihten *Paracelsus* aufgebracht. Er sieht diese Geister als ganz menschenähnlich an, nur seien sie eine andere Schöpfung „nicht aus Adam" und würden in ihrem je eigenen „Chaos" oder Lebenselement wohnen: „Ihre Wohnungen sind vielerlei. Je nach dem Element, eine im Wasser, eine in der Luft, eine in der Erde, eine im Feuer. Die im Wasser sind die Nymphen, die in der Luft Sylphen, die in der Erde Pygmäen, die im Feuer Salamander (....) trotzdem der Name der Wasserleute auch Undinen, von den Luftleuten Sylvestres, von den Bergleuten Gnomi und von den Feuerleuten neben Salamander auch Vulkani lautet."[42]

Aber nicht nur Paracelsus, auch die indische Theosophie kennt Elementarwesen – nur heißen sie dort natürlich anders. Es handelt sich um fünf Klassen von Wesenheiten, und an der Spitze jeder Abteilung steht ein „Gott" oder „Deva" als die leitende Intelligenz des jeweiligen Naturreiches. Diese fünf Devas im Hinduglauben sind: *Indra*, der Herr des Akasha oder Raumäthers; *Agni*, der Herr des Feuers; *Pavana*, der Herr der Luft; *Varuna*, der Herr des Wassers; und *Kshiti*, der Herr der Erde.

Nicht nur im Alten Ägypten, sondern auch in unserer modernen Zeit ist der Gang durch die Reiche der vier Elemente ein Einweihungsweg, der in uns die Pforten zur Selbst- und All-Erkenntnis öffnet. Besonders wenn wir die Elemente ätherisch betrachten, eröffnen sie uns den Zugang zu den noch höheren kosmischen Ebenen, mit denen sie in Verbindung stehen:

Die Welt des Klangäthers, die als das Elementarreich des Wassers mit dem menschlichen Fühlen verbunden ist, verweist auf die Astralebene als dem Ursprungsort des Empfindungslebens. Das Luftreich, das mit dem Denken zu tun hat, weist hin auf die Mentalebene als die tatsächliche Ebene des Denkens. Das Wärmeäther-Feuerreich zeigt den Weg zur geistig-göttlichen Welt, die oberhalb der Mentalebene liegt, der Welt des göttlichen Urfeuers. So können die vier Elemente wahrhaft Lehrmeister sein, die dem Hinhorchenden einen Weg geistigen Aufstiegs offenbaren. Darin liegt die esoterische Dimension der vier Elemente.

Elementarwesen in den Märchen

In den Sagen und Volksmärchen haben sich die Elementarwesen längst ihr Heimatrecht erworben – vielleicht am deutlichsten erkennbar bei den *Zwergen*, die eindeutig den von Paracelsus bezeichneten Gnomen entsprechen. Kein Märchen ohne Zwerge – sie sind die Geister des Mineralreichs, die das Innere der Erde nach Gold und Edelsteinen durchwühlen, ein Geschlecht fleißiger Bergleute, kleinwüchsig und alt aussehend, mit langen Bärten und Zipfelmützen, Hüter unterirdischer Schätze, die Elementargeister der Erde.

Aber auch Riesen und Berggeister wie der legendäre *Rübezahl* gehören dem Elementarreich der Erde an. Rübezahl ist in den VOLKSMÄRCHEN DER DEUTSCHEN (5 Bände, 1782-86) des Musäus der „berufene Berggeist (....), der das Riesengebirge traun berühmter gemacht hat als die schlesischen Dichter allzumal. Dieser Fürst der Gnomen besitzt zwar auf der Oberfläche der Erde nur ein kleines Gebiet, von wenig Meilen im Umfang, mit einer Kette von Bergen eingeschlossen, und teilt dies Eigentum noch mit zwei mächtigen Monarchen, die sein Condominium nicht einmal anerkennen. Aber wenige Lachter unter der Erdrinde hebt seine Alleinherrschaft an, die kein Partenagetractat zu schmälern vermag, und erstreckt sich auf achthundertsechzig Meilen in die Tiefe, bis zum Mittelpunkt der Erde."[43]

Schon das Wort *Zwerg*, vom althochdeutschen *gitwerg*, d.h. Trugwesen, kennzeichnet das damit bezeichnete Wesen als Spukgestalt, verweist es in das Reich der Alben, Irrwische und Nachtmahren. Im übrigen ist die Herkunft der Zwergengestalt nordisch, ja isländisch, aber die Edda berichtet über die Entstehung der Zwerge durchaus Unterschiedliches: aus Brimirs Blut und Blains Glieder sollen sie gebildet sein; nach einer anderen Version gehen sie auf die Maden zurück, die auf dem Leichnam des getöteten Urriesen Ymir entstanden sind. Gerühmt wird auch die Weisheit und magische Kunst der Zwerge; sie besitzen oft eine Tarnkappe, die ihnen Unsichtbarkeit verleiht. So beispielsweise *Alberich* in der Siegfriedsage, so der Zwergenkönig *Laurin* im Sagenkreis um Dietrich von Bern.

In der Gestalt Laurins wird uns ein glanzvoller und mächtiger Zwergenherrscher vor Augen geführt. In Tirol besitzt er einen magischen Rosengarten, der von einem Goldfaden eingehegt ist, unzugänglich allen Sterblichen wie seinerzeit die Götterhaine. Ein hoher schneebedeckter Berg in den Tiroler Alpen gibt den Zugang zu Laurins riesigem unterirdischen Reich frei. „Die Reise nach dem schneegekrönten Berg war weiter, als die Recken geglaubt hatten; sie dauerte bis zum folgenden Mittag. Da gelangte man an den Fuß des weißen Hauptes und erblickte einen Anger, so schön wie der Rosengarten. Blumendüfte erfüllten die Luft, Vogelgesang ertönte tausendstimmig in den Zweigen, Zwerge in Scharen, etliche rüstig mit Hammer und Schurzfell, andere geschmückt wie Könige, wieder andere mit Schalmeien und Hörnern blasend, zogen vorüber. Es war, als ob die Vögel ihr süßes Lied nach der Musik der Erdmännlein gestimmt hätten, so lieblich klang das alles zusammen. Laurin führte die Helden nach dem Berg, dessen Tor sich vor ihm auftat. (....) Eine lichte Dämmerung herrschte in dem weiten Hallenraum, als wenn der volle Mond die Erde beleuchtete. Die Wände waren glattpolierter Marmor, von Gold- und Silberstäben in Felder geteilt; der Fußboden war ein einziger Achat, die Decke ein Saphir. Leuchtende Karfunkel hingen davon herab wie Sterne am blauen Nachthimmel."[44]

In zahlreichen Märchen, Mythen und Volkssagen begegnen wir den Elementarwesen des Wassers – von den antiken Sirenen, vor denen schon ein Odysseus zu bestehen hatte, über die verführerische Loreley auf dem Rheinfelsen und die mittelalterliche Melusinen-Sage bis hin zu dem Grimm-Märchen DIE WASSERNIXE, wo es heißt: „Ein Brüderchen und ein Schwesterchen spielten an einem Brunnen, und wie sie so spielten, plumpten sie beide hinein. Da war unten die Wassernixe, die sprach 'jetzt habe ich euch, jetzt sollt ihr mir brav arbeiten', und führte sie mit sich fort..."[45] Stets haftet den Wassernixen etwas Unheimlich-Dämonisches an. Aus Frankreich stammt das Märchen von der schönen *Melusine*, einer Meerfee mit Fischschwanz, die durch Heirat mit einem Menschen zur Stamm-Mutter eines adeligen Geschlechts wird:

Raimund, Pflegesohn des Grafen von Poitiers, trifft im Wald die feenhafte Melusine, nachdem er ungewollt auf der Jagd seinen Pflegevater getötet hatte. Sie entreißt ihn der Verzweiflung, verweist ihn auf Gottes Gnade, und er führt die wie vom Himmel Geschickte sogleich zum Traualtar. Doch eine Bedingung stellt die Meerfrau – jeden Sonnabend wird sie unsichtbar sein! Sie schenkt dem Gemahl Reichtum, Glück, zehn Söhne, jeder heldenhaft, doch jeder auch unheimlich durch etwas Abnormales, nicht ganz Menschliches. Raimund, aufgestachelt, belauscht die Gattin und entdeckt ihr Geheimnis. Erst schweigt er, doch als der Sohn Geoffry das Kloster niederbrennt, in das der Bruder gegangen, verflucht er die Gattin; klagend entweicht sie in Drachengestalt. Diese Stammsage der Herrn von Lusignan bei Poitiers war ein beliebtes Volksbuch im Mittelalter. 1387 durch Jean d´Arras zum Roman verarbeitet und 1401 durch Couldrette in Verse gesetzt, erschein es 1474 erstmals im Druck, wurde bald ins Deutsche übersetzt und immer wieder herausgebracht, bis zu den populären Jahrmarksdrucken des 18. Jahrhunderts. Goethe hat mit DIE NEUE MELUSINE das Motiv auf ganz eigenwillige Weise ausgestaltet.

In seinem Zaubermärchen UNDINE (1811) kommt Friedrich de la Motte Fouque ebenfalls auf die Elementarwesen zu sprechen. Hier ist es, ganz dem Melusine-Motiv nachempfunden, der Ritter Huldbrand, der recht überstürzt die schöne Undine heiratet, ohne zu ahnen, dass diese in Wahrheit eine Wassernixe ist. Diese wiederum erhofft sich durch die Heirat mit dem Ritter eine unsterbliche, menschliche Seele. „Du sollst wissen", sagt sie zu ihrem Gemahl, „dass es in den Elementen Wesen gibt, die fast aussehen, wie Ihr, und sich doch nur selten vor Euch blicken lassen. In den Flammen glitzern und spielen die wunderlichen Salamander, in der Erden tief hausen die dürren, tückischen Gnomen, durch die Wälder streifen Waldleute, die der Luft angehören, und in den Seen und Strömen und Bächen lebt der Wassergeister ausgebreitetes Geschlecht. In klingenden Krystallgewölben, durch die der Himmel mit Sonn' und Sternen hinabsieht, wohnt sich's schön; hohe Krystallbäume mit blauen und rothen Früchten leuchten in den Gärten; über reinlichen Meeressand wandelt man, und über schöne, bunte Muscheln, und was die alte Welt des also Schönen besaß, dass die heutige nicht mehr sich daran zu freuen würdig ist, das überzogen die Fluthen mit ihren heimlichen Silberschleiern, und unten prangen nun die edlen Denkmale, hoch und ernst, und anmuthig bethaut vom liebenden Gewässer, das aus ihnen schöne Moosblumen und kränzende Schilfbüschel hervorlockt. Die aber dorten wohnen, sind gar hold und lieblich anzuschauen, meist schöner, als die Menschen sind. Manch einem Fischer ward es schon so gut, ein zartes Wasserweib zu belauschen, wie sie über die Fluthen hervorstieg und sang. Der erzählte dann von ihrer Schöne weiter, und solche wundersame Frauen werden von den Menschen Undinen genannt."[46]

Die *Luftgeister*, die zarten Elementarwesen der Luft, kommen ebenfalls in vielen Sagen, Märchen und Mythen vor. In der germanischen Mythologie begegnen sie uns vor allem als *Schwanenjungfrauen*. Die Schwanenmädchen waren ursprünglich Wolkengeister; die Wolken nahmen in der hellsichtigen Schau der Germanen die Gestalt von Schwanenscharen an, die mit mächtigem Flügelschlag den Himmel durcheilen. Die aus dem Wasser aufsteigende Wolke, der sich dem Weiher entwindende Nebel, der vom nächtlichen Wald hochsteigende Dunst verband sich mit der Himmels-Wolke, und beide zusammen formten das Bild einer mächtigen luziden Wesenheit. Als Gestaltung des weißen Nebels von See, Fluss oder Wald in Verbindung mit den Wolken des Himmels bildete sich das Bild der Schwanenjungfrau. Sie kann auch ihr Schwanengefieder abstreifen, um im einsamen Waldsee zu baden, und zwar in Gestalt einer Jungfrau, wird dann aber wieder in ihr himmlisches Gewand schlüpfen, um ungehindert über Wald und See zu brausen. Aber einige dieser lieblichen, leichtbeschwingten Schwanengeister traten als *Walküren*, sturmbewegte Schlachtengeister, in das streitbare Heer Odins.

Könnte es nicht sein, dass es im Reich der Elementargeister eine Art Evolution gibt, eine Bewusstseins-Entwicklung vom Niederen zum Höheren, bis zu einem dem Geist des Menschen vergleichbaren Ich-Bewusstsein? Und wieviel Wahrheit steckt in all den Sagen und Märchen, die davon berichten, dass die Elementargeister den Menschen um sein Ich-Bewusstsein beneiden? Es ist etwas daran, ohne Zweifel, denn das Urwissen der Esoterik bestätigt, dass es im Reich der Devas ein Aufwärtsstreben gibt, ein Spektrum der Evolution von den kleinsten Lebensfunken bis zur ichbewussten Intelligenz der mächtigsten Landschaftsgeister.

Eine Ahnung von solchen Zusammenhängen findet sich auch in Hans Christian Andersens Märchen DIE KLEINE MEERJUNGFRAU, in dem diese am Ende der Geschichte ins Reich der Luftgeister aufsteigen darf, die auf der Stufenleiter des Lebens eine höhere Sprosse bilden, dem Menschen näher verwandt und sogar fähig, sich eine unsterbliche Seele zu erwerben. Ich zitiere aus den Schlussabsätzen des Märchens: „Die Meerjungfrau hatte keine unsterbliche Seele, konnte keine erlangen, es sei denn, sie erringt eines Menschen Liebe! Von einer fremden Macht hängt ihr ewiges Leben ab. Die Töchter der Luft haben auch keine ewige Seele, aber sie können sich selbst durch gute Taten eine schaffen. (....) Wenn wir uns dreihundert Jahre bestrebt haben, soviel Gutes zu tun, wie wir zu tun vermögen, erhalten wir eine unsterbliche Seele und haben teil am Glück der Menschen. Du arme kleine Meerjungfrau hast mit deinem ganzen Herzen nach dem gleichen gestrebt wie wir, du hast gelitten und geduldet, dich zu der Welt der Luftgeister emporgeschwungen, nun kannst du dir selbst durch gute Taten in dreihundert Jahren eine unsterbliche Seele erringen."[47]

Das Märchen als Parallel-Universum

Im Märchen geschehen oft – wie in Träumen – die seltsamsten und unerklärlichsten Dinge, und die herkömmlichen Gesetze von Raum, Zeit und Kausalität scheinen aufgehoben. Das Märchen gehorcht in der Regel einer eigenen Logik, die mit der uns bekannten dreidimensionalen linearen Logik nicht in Einklang steht. In gewisser Weise sind die Märchenwelten geheime und verborgene Parallel-Universen, die außerhalb unseres Bewusstseins liegen, sozusagen einen weißen Fleck auf der Landkarte unseres Geistes bilden, obgleich sie sich örtlich „überall und nirgendwo" befinden. Das Märchenland – Michael Endes *Phantásien* – ist unmittelbar in uns, um uns, bei uns und doch nirgendwo greifbar. Denn die Eintrittskarte für Phantásien ist ein gewandeltes Bewusstsein – ein intuitives, ahnendes, bildhaftes Bewusstsein, wie es gerade Kinder und Naturvölker besitzen. Ein Schritt in dieses Bewusstsein hinein – und schon befinden wir uns staunend in einer anderen Welt. *„Es liegt nur an der Schwäche unsrer Organe und der Selbstberührung, dass wir uns nicht in einer Feenwelt erblicken. Alle Märchen sind nur Träume von jener heimatlichen Welt, die überall und nirgends ist."* – So Novalis in einem seiner Fragmente.[48]

Märchen können tiefsinnige esoterische Botschaften enthalten; sie sind nur allzu oft verborgen sprudelnde Quellen zeitloser Weisheit und durchtränkt von uraltem Mysterienwissen. Daneben können moderne Kunstmärchen auch als Allegorien für physikalische Grenzbereiche unserer Wirklichkeit aufgefasst werden; symbolhafte Beschreibungen des Unerklärlichen, Unerforschten, wie es dem Naturforscher gegenübertritt. Man denke hierbei an die – meist nur sehr schwach gezogene – Grenzlinie zwischen *Märchen, Utopie* und *Science Fiction,* wobei sich so mancher belächelter Zukunftsroman im Nachhinein als echte Prophetie erwiesen hat.

Unser deutsches Wort „Märchen" heißt auf Englisch bekanntlich *fairy tale* – Feenerzählung. Das Feenreich, im Mythos der Iren eine wundersame Welt unter der Erde, unterscheidet sich von unserer alltäglichen Wirklichkeit darin, dass in ihm andere physikalische Gesetze gelten. Die Materie besitzt dort eine ganz andere Qualität: sie ist biegsam und verwandlungsfähig; große Entfernungen werden oft in Sekundenschnelle überbrückt; Gestalten wandeln sich, und das magische Wort entfaltet große Wirkung. All das klingt natürlich zunächst einmal phantastisch, unglaublich – aber sind wir uns so sicher, dass überall im materiellen Universum dieselben physikalischen Gesetze gelten?

Kennen wir doch im Grunde nur einen kleinen Ausschnitt der Realität, den wir fälschlicherweise schon für das Ganze halten. Könnte es auch innerhalb des materiellen Universums bisher unentdeckte Parallel-Welten geben, in denen die Natur sich auf andere Regeln geeinigt hat als jene, die wir kennen? Könnte es uns verborgene hyperphysikalische Realitäten geben, die sogar unmittelbar in unsere Wirklichkeit hineinragen, ohne dass wir etwas davon merken?

Die Realität selber ist oft phantastischer als jedes Märchen. Was könnte wohl phantastischer sein als die Ergebnisse der Relativitätstheorie Albert Einsteins? Auch in den Märchenwelten herrschen andere Raum-Zeit-Parameter; die Zeit steht dort still, bewegt sich schneller oder langsamer, oder sie dreht sich im Kreis; ähnlich wie im Inneren eines Schwarzen Loches oder in einem Raumschiff, das mit annähernder Lichtgeschwindigkeit fliegt, andere Parameter der Raum-Zeit auftreten. Es mag daher lohnend sein, den Blick auf einige Märchen zu werfen, in denen sich die Zeit anders verhält, als wir es von ihr üblicherweise gewohnt sind. Dies ist besonders der Fall in einigen modernen Kunstmärchen wie ALICE IM WUNDERLAND, Michael Endes bekanntem Märchenroman MOMO und Richard Bachs DIE MÖWE JONATHAN. Wir werden darauf später noch zurückkommen.

Die Märchenwelt – sie ist eine Altenativwelt, ein Universum der Magie, in dem alle Sehnsüchte des menschlichen Herzens nach Glück in Erfüllung gehen. Weil im platten Bereich des alltäglichen Daseins diese Erfüllung nicht möglich ist, wird die Handlung in eine höhere, metaphysische Welt verlegt, gewissermaßen in ein Parallel-Universum, in dem das Wünschen und Wollen des Menschen noch unmittelbare magische Kraft besitzt. Daher sind die Helden des Märchens meist Wanderer, deren Weg oft bis zu den Sternen führt. Eines der ältesten Erzählmotive überhaupt ist die Erdenwanderung der Götter – und so besteht religionsgeschichtlich eine enge Verwandtschaft zwischen dem Märchen und dem *Mythos*.

Uralte Mythen wie das Gilgamesch-Epos oder Homers ODYSSEE beinhalten ausgeprägt Märchenmotive. Gleiches gilt für das große indische National-Epos, das RAMAYANA, in dem auch sprechende Tiere, Wunderwaffen, Luftfahrzeuge, Verwandlung in Tierkörper, magischer Bann und Befreiung aus diesem vorkommen. Auch wandeln Götter auf Erden in diesem Epos. Aus *Ägypten* stammt das älteste uns erhaltene Märchen, die Geschichte von einem Schiffbrüchigen aus dem frühen mittleren Reich; es ist ein Reisemärchen, wie die Geschichten von Sindbad dem Seefahrer. Die Griechen besitzen in Lucius Apuleius (2. Jh. n. Chr.), der die Parabel EROS UND PSYCHE und den Roman DER GOLDENE ESEL verfasste, den ersten Märchendichter. Und Apuleius war auch ein Eingeweihter in die Isis-Mysterien. Dies lässt nochmals den Zusammenhang zwischen Märchen und Esoterik erkennen.

Die indische Erzählliteratur des Märchens setzt erst verhältnismäßig spät ein. Das PANTSCHATRANTRA, das wohl wichtigste Werk, ist kaum vor dem 13. Jahrhundert n. Chr. entstanden. Die Märchensammlung TAUSENDUNDEINENACHT geht auf ein persisches Buch „Die 1000 Erzählungen" zurück, das persische, zum Teil auch indische Geschichten enthielt und um 800 n. Chr. in Bagdad ins Arabische übersetzt wurde. In der Folgezeit vermehrte es sich durch den reichen Märchenbesitz der arabischen Völker und wurde zu einem Denkmal islamischer Weltanschauung und Kultur. Im 14. Jahrhundert erhielt es die Anordnung, in der es von Galland übersetzt wurde und sich Europa eroberte. Märchen hat es also in allen Kulturkreisen gegeben; sie sind das universalste und älteste Kulturgut der Menschheit. Schon die eiszeitlichen Mammutjäger haben sich an ihren Lagerfeuern vermutlich Märchen erzählt; und noch im Weltraumzeitalter wird man sich, auf fernen Planeten vielleicht, Märchen erzählen – auch sie Ausdruck einer Sehnsucht nach Ganzheit und Glück ….

Die Gebrüder Grimm

Während in der Antike die Märchen noch etwas ganz Naturwüchsiges waren, setzt mit dem Beginn der europäischen Neuzeit die systematische Märchenforschung und –sammlung ein; richtungweisend ist hier natürlich nach wie vor das Werk der *Gebrüder Grimm*. Aber die Grimms hatten auch Vorläufer. Hier wäre vor allem der Italiener *Giovanni Francesco Straparola* (1475–1557) zu nennen, der Nachfolger Boccaccios, der mit Geschichten, die ins Märchenhafte umschlagen und die Menschenwelt durch die Tierwelt hilfreich erweitern, erstmals an die Öffentlichkeit trat. Als ältester Märchenerzähler des Abendlandes ist er von besonderer geschichtlicher Bedeutung. ERGÖTZLICHE NÄCHTE, *Piacevoli notti*, nennt sich seine Sammlung (1550–53). Bei ihm erscheint zuerst der berühmte „Gestiefelte Kater" des späteren Perrault, allerdings noch ohne Stiefel, eher „die Katze" mit der einfältigen Schlauheit des Habenichts, die stets die Frage vorbereitet: „Wem gehört dies oder das?". Uralt auch „das Zauberpferd", das den Königssohn Livoretto Wundertaten vollbringen lässt, im Dienst des Sultans, unterstützt von Fisch und Falke, denen er einst aus der Not geholfen hatte. Die Sammlung enthält insgesamt 65 Geschichten, die teilweise zum Urgestein des europäischen Märchengutes gehören.

Und noch ein anderer Italiener wäre hier zu nennen, auch er ein Pionier der Märchenforschung: *Giambattista Basile* (1575–1632), aus Neapel stammend, am Hof von Mantua anwesend und zuletzt zum Grafen von Toronto ernannt, schrieb er eine Märchensammlung, die das PENTAMERON genannt wurde – das „Fünftagewerk", nach der Rahmenhandlung: An fünf Tagen werden von fünf alten Frauen fünfzig Märchen erzählt; die beste Erzählerin ist Zoza, die Königstochter, die auf diese Weise den Fürsten Taddeo zum Gemahl gewinnt. Die Märchen selber sind altes Märchengut – Aschenbrödel, die sieben Raben, Dornröschen. Als Novellist in der Nachfolge Boccaccios zeigt Basile eine spielerische Lust an barocken Übertreibungen. Nach Deutschland kam seine Sammlung durch Clemens Brentano, der allerdings unter dem Titel ITALIENISCHE MÄRCHEN eine weitgehende Neugestaltung vornahm.

Zu den bedeutendsten Märchenforschern der frühen Neuzeit gehört auch der Franzose *Charles Perrault* (1628–1703), der mit seinen Kindermärchen (1697) in die Weltliteratur eingegangen ist. Er übersetzte 100 Fabeln des Italieners Faerne ins Französische, und die Novelle von Griseldis schrieb er 1691 als Verserzählung. Seine Hauptsammlung unter dem Titel HISTOIRES OU CONTES DU TEMPES PASSE enthält 8 Prosamärchen, darunter die schönsten, dramatisch wirksamsten, die wir kennen, doch hat er diese nicht selbst erfunden, sondern greift wie seine Vorgänger auf uraltes Märchengut zurück – Aschenputtel, Dornröschen, Rotkäppchen, der gestiefelte Kater; sie tauchen in kaum geänderter Form bei Tieck, Bechstein und Grimm wieder auf. Perrault betonte sehr das Übernatürliche und entfachte die Mode der „Feenmärchen" in Frankreich. Verdeutscht erschien seine Sammlung 1780 in Auswahl.

Damit war nun der Boden bereitet, auf dem die *Gebrüder Grimm* (Jakob 1785–1863, Wilhelm 1786–1859) ihr epochemachendes Werk errichten konnten, nämlich die KINDER- UND HAUSMÄRCHEN (2 Bde. 1812–1815), die seit ihrem Erscheinen den Grundbestand aller Märchenforschung des 19. Jahrhunderts bilden und – obgleich umstritten – ein ewiges Elixier aller Kinderseelen auf der Welt gewesen sind. Wie kam es zu diesem Projekt? Schon als Marburger Studenten vom Geist der Romantik ergriffen, führte sie der Glaube an die dichtende Kraft des Volksgeistes zu den Märchen und Sagen. Ihre DEUTSCHEN SAGEN (2 Bde. 1816–18) konnten allerdings nicht dieselbe Popularität erreichen wie ihre Märchensammlung. „Die Märchen gleichen den Blumen, die Sagen den frischen Kräutern und Sträuchern", schrieb Jakob 1815. Die Geburtsstunde der Märchen schlug, als Clemens von Brentano und Achim von Arnim dazu aufriefen, für ihre eigene Sammlung der Volksdichtung, DES KNABEN WUNDERHORN, weitere Beiträge zu sammeln. Dieser Aufruf, der am 12. 12. 1805 im Reichsanzeiger erschien, und vor allem dazu aufforderte, mündliche Märchen und Sagen zu sammeln, stieß auf breite Resonanz. Die ersten, noch plattdeutschen Märchen sandte Phillip Otto Runge (*Der Machandelboom*, *Der Fischer und sine Fru*), und seit 1806 sammelten die Brüder Grimm. Als Quellen dienten ihnen alte hessische Geschichtenerzählerinnen, so etwa die alte Marie aus der Wildschen Apotheke in Kassel oder die Viehmännin aus Niederzwehrn bei Kassel. So ist die hessische Landschaft in Grimms Märchen als urdeutsches Landschaftsbild eingegangen.

Daneben hat die Sammlertätigkeit der Romantiker auch einen politischen Hintergrund. In das Jahr 1806 fällt die Schlacht bei Jena und Auerstedt – die Befreiungskriege gegen Napoleon also standen im Hintergrund, und sie mochten die Grimms veranlasst haben, in dieser politisch so schweren Schicksalsstunde etwas für die Erforschung der nationalen Vergangenheit zu tun. Ihr Ziel war ja kein geringeres gewesen, als eine deutsch-germanische Philologie zu begründen. Als

Romantiker glaubten sie an die unversiegliche schöpferische Kraft der Volksseele, aus der wahre „Naturpoesie" hervorginge, die echter und ursprünglicher sei als jede „Kunstpoesie". In den authentischen mündlichen Volksüberlieferungen glaubten sie die Reinform der „Naturpoesie" zu erkennen, und sie vertraten die These, dass alle Märchen auf *„die Überreste eines in die älteste Zeit hinaufreichenden Glaubens"* zurückgingen.

Heute würde man derlei Ansichten vielleicht eher als „völkisch" charakterisieren. Sie war aber typisch für die deutsche Volkskunde des gesamten 19. Jahrhunderts. Sie geht völlig an der Tatsache vorbei, dass der Urbestand der Volksmärchen schon lange vor den Grimms bereits den italienischen und französischen Sammlern (Straparola, Basile, Perrault) bekannt war. Die Märchen gehen offenbar auf gesamt-europäische, wahrscheinlich auch heidnische Wurzeln zurück. Es war auch nicht so, dass die Brüder Grimm die Märchen unmittelbar von Angehörigen des einfachen Volkes erfahren hätten; im Gegenteil: Der Kreis ihrer Erzählerinnen war begrenzt, und diese Frauen gehörten eher dem gehobenen Bürgertum an. Zudem waren diese Frauen nicht so tief in der „deutschen Volksseele" verwurzelt, wie man vielleicht meinen könnte: Die sehr schönen, aber zweifellos französischen Märchen vom Däumling oder vom Dornröschen stammen nicht aus dem Mund einer „alten Marie", sondern aus dem einer jungen gut aussehenden Halbfranzösin namens Maria Hassenpflug, und an der hugenottischen Herkunft der Hauptzuträgerin Dorothea Viehmann aus Niederzwehren besteht ebenfalls kein Zweifel.

Es war auch keineswegs so, dass die Grimms das ihnen anvertraute mündliche Erzählgut in der Form, wie sie es vernommen haben, schriftlich niedergelegt hätten – auch wenn vielleicht der Eindruck erweckt werden sollte, die Märchen seien direkt vom Munde des Volkes abgelauscht. Nichts ist von der Wahrheit weiter entfernt. Seit dem Auffinden der *Ölenberger Urhandschrift* von 1810 (Abdruck erst 1927 durch Joseph Lefftz, Heidelberg) ist erstmals klar geworden, welchen Einfluss die Brüder Grimm selbst auf die Niederschrift hatten, und der Stilwandel von den Urniederschriften zu den späteren gedruckten Ausgaben ist erkennbar. Es war den Brüdern Grimm vor allem darum zu tun, den typischen „Märchenstil" zu finden, der – durch die Lutherbibel mitbestimmt – ein Stil der Einfalt sein sollte. Er weist auch besondere sprachliche Eigenheiten aus, wie beispielsweise der häufige Anfang der Sätze mit „Und", was das Kindliche des Stils wohl besonders herausstellen soll. Bei den Nacherzählungen gibt es also einen typischen „Grimmstil", wobei Jakob noch etwas strenger dem Ton der Urerzählungen folgte, Wilhelm aber von Anfang an mit eigenem freierem Märchenton hervortrat. Vor allem war es die Absicht der Grimms gewesen, ihrer Märchensammlung die Form eines Kinderbuches zu geben; denn sie waren der Ansicht, dass die im Märchen so allgegenwärtige Magie nirgendwo sonst existiere als in der Vorstellungswelt des kleinen Kindes. Und damit war das Dogma geboren, das bis heute gilt: dass Märchen nur etwas für Kinder seien. Es wird auch angenommen, dass das Kind irgendwann dem „Märchenalter" entwachse und sich dann nur noch mit „vernünftigen" Dingen befasse.

Das geht am wirklichen Wesen der Märchen nun völlig vorbei. Märchen waren jahrhundertelang allegorische Erzählungen von und für Erwachsene, in denen bestimmte Inhalte der Magie und der Einweihung in meist sehr verschlüsselter Form transportiert wurden.

Dabei gehörten die Märchen dem Umkreis einer verborgenen Volksreligion an, in der magische Rituale eine große Rolle spielten. Vieles aus dieser wahrscheinlich noch aus heidnischen Zeiten stammenden Volksreligion wurde, entstellt und sinnentleert, später zum „Aberglauben". Märchen, Mythen und Aberglauben stammen aus derselben Quelle. Würde man diese Quelle näher erforschen, würde man vermutlich auf eine uralte indogermanische Mysterienreligion stoßen. Die Gebrüder Grimm hatten dies noch nicht im Sinn – sie haben aus den Märchen naive Erzählungen für Kinder gemacht, für sie nur deswegen interessant, weil sie ihrer Ansicht nach Schöpfungen des deutschen Volksgeistes waren. Die Brüder Grimm begleiten den Zeitübergang von der Romantik ins Biedermeier. Das Goethe'sche Weltbürgertum wurde durch sie zum deutsch-germanischen Familiengefühl.

Jorinde und Joringel

Es lohnt sich durchaus, sich einige der Märchen aus Grimms Sammlung näher unter die Lupe zu nehmen. Besonders auch im Hinblick auf Magie. Unter den Zaubermärchen der Gebrüder Grimm sticht das unter dem Titel JORINDE UND JORINGEL, Nr. 69 in der Sammlung, besonders hervor. Es handelt sich hier eindeutig um die märchenhafte Darstellung eines gnostischen Erlösungsmythos. Das Märchen beginnt so: *„Es war einmal ein altes Schloss mitten in einem großen dicken Wald, darinnen wohnte eine alte Frau ganz allein, das war eine Erzzauberin. Am Tage machte sie sich zur Katze oder Nachteule, des Abends aber wurde sie wieder ordentlich wie ein Mensch gestaltet. Sie konnte das Wild und die Vögel herbeilocken, dann schlachtete sies, kochte und briet es. Wenn jemand auf hundert Schritte dem Schloss nahekam, so musste er stille stehen und konnte sich nicht von der Stelle bewegen, bis sie ihn lossprach: wenn aber eine keusche Jungfrau in diesen Kreis kam, so verwandelte sie dieselbe in einen Vogel, und sperrte sie dann in einen Korb ein, und trug den Korb in eine Kammer des Schlosses. Sie hatte wohl siebentausend solcher Körbe mit so raren Vögeln im Schlosse.“*[49]

Da haben wir also bereits das Motiv der Gefangenschaft. Was aber hat es mit Jorinde und Joringel auf sich? Das Märchen geht so weiter: *„Nun war einmal eine Jungfrau, die hieß Jorinde; sie war schöner als alle anderen Mädchen. Die und ein gar schöner Jüngling, namens Joringel, hatten sich zusammen versprochen. Sie waren in den Brauttagen und sie hatten ihr größtes Vergnügen eins am andern. Damit sie nun einsmalen vertraut zusammen reden könnten, gingen sie in den Wald spazieren. ‚Hüte dich‘, sagte Joringel, dass du nicht so nahe ans Schloss kommst.‘“*[50]

Und was geschieht? Jorinde kommt tatsächlich zu nahe an den Gefahrenbereich des Zauberschlosses und wird prompt, wie die anderen Jungfrauen auch, in einen Vogel verwandelt: *„Jorinde war in eine Nachtigall verwandelt, die sang ‚zicküth, zicküth‘. Eine Nachteule mit glühenden Augen flog dreimal um sie herum und schrie dreimal ‚schu, hu, hu, hu‘. Joringel konnte sich nicht regen: er stand da wie ein Stein, konnte nicht weinen, nicht reden, nicht Hand noch Fuß regen. Nun war die Sonne unter: die Eule flog in einen Strauch, und gleich darauf kam eine alte krumme Frau aus diesem hervor, gelb und mager: große rote Augen, krumme Nase, die mit der Spitze ans Kinn reichte. Sie murmelte, fing die Nachtigall und trug sie auf der Hand fort. Joringel konnte nichts sagen, nicht von der Stelle kommen: die Nachtigall war fort. Endlich kam das Weib wieder und sagte mit dumpfer Stimme: ‚grüß dich Zachiel, wenns Möndel ins Körbel scheint, bind los, Zachiel, zu guter Stund.‘ Da war Joringel los. Er fiel vor dem Weib auf die Knie und bat, sie möchte ihm seine Jorinde wiedergeben, aber sie sagte, er solle sie nie wiederhaben, und ging fort.“*[51]

Bisher haben wir von Verzauberung, Bann und Gefangenschaft gehört; nun nimmt die Geschichte eine Wendung und kommt auf die Erlösung zu sprechen:

„Joringel ging fort und kam endlich in ein fremdes Dorf: da hütete er die Schafe lange Zeit. Oft ging er rund um das Schloss herum, aber nicht zu nahe dabei. Endlich träumte er einmal des Nachts, er fände eine blutrote Blume, in deren Mitte eine schöne große Perle war. Die Blume brach er ab, ging damit zum Schlosse: alles, was er mit der Blume berührte, ward von der Zauberei frei: auch träumte er, er hätte seine Jorinde dadurch wiederbekommen. Des Morgens, als er erwachte, fing er an, durch Berg und Tal zu suchen, ob er eine solche Blume fände: er suchte bis an den neunten Tag, da fand er die blutrote Blume am Morgen früh. In der Mitte war ein großer Tautropfe, so groß wie die schönste Perle. Diese

Blume trug er Tag und Nacht bis zum Schloss. Wie er auf hundert Schritt nahe bis zum Schloss kam, da war er nicht fest, sondern ging fort bis ans Tor. Joringel freute sich hoch, berühte die Pforte mit der Blume, und sie sprang auf. Er ging hinein, durch den Hof, horchte, wo er die vielen Vögel vernähme: endlich hörte ers. Er ging und fand den Saal, darauf war die Zauberin und fütterte die Vögel in den siebentausend Körben. Wie sie den Joringel sah, ward sie bös, sehr bös, schalt, spie Gift und Galle gegen ihn aus, aber sie konnte auf zwei Schritte nicht an ihn kommen. Er kehrte sich nicht an sie und ging, besah die Körbe mit den Vögeln; da aber waren viele hundert Nachtigallen, wie sollte er nun seine Jorinde wiederfinden? Indem er so zusah, merkte er, dass die Alte heimlich ein Körbchen mit einem Vogel wegnahm und damit nach der Türe ging. Flugs sprang er hinzu, berührte das Körbchen mit der Blume und auch das alte Weib: nun konnte sie nichts mehr zaubern, und Jorinde stand da, hatte ihn um den Hals gefasst, so schön, wie sie ehemals war. Da machte er auch alle andern Vögel wieder zu Jungfrauen, und da ging er mit seiner Jorinde nach Hause, und sie lebten lange vergnügt zusammen."[52]

Äußerlich besehen mag die hier erzählte Geschichte ein Kindermärchen sein, dem Inhalt nach ist sie jedoch reinste Gnosis. Deutet man das Märchen esoterisch, so sind Jorinde und Joringel keine sterblichen Menschen, sondern zwei gnostische Götter, die eine männlich-weibliche Polarität bilden, eine Paargenossenschaft oder *Syzygie* (so der Fachausdruck). In der Gnosis war der Gedanke, dass der Heiland auch seine eigene weibliche Dualseele erlöst, weit verbreitet. So steigt der gnostische Erlöser, der *Soter* (das heißt Retter), in die Materie hinab, um sein Dual, die gefallene Sophia, zu befreien – und mit ihr letztlich die gesamte Menschheit.

Sind *Jorinde und Joringel* das göttliche Paar, so stellt die *Erzzauberin* den gnostischen Archonten dar, den

Widersacher, der die menschlichen Seelen unter seinen Bann zieht und sie in der Materie gefangen hält. Die *siebentausend Jungfrauen* sind reine Geister, man kann auch sagen, jungfräuliche Seelen, die unter der magisch-astralen Macht der Archonten geknechtet und zur Inkarnation gezwungen werden. Joringel ist der eigentliche gnostische Erlöser, der *Soter*: zusammen mit seinem gefangenen Dual erlöst er auch die Schar der gefangenen Seelen insgesamt. Sein magisches Universalmittel, die blutrote Rose mit der Perle in der Mitte, ist der allbesiegende göttliche Funke in der Mitte unseres Herzens – unser göttliches Selbst.

Deutet man das Märchen JORINDE UND JORINGEL so, dann ist es alles andere als eine naive Kindergeschichte. Es ist übrigens kaum zu vermuten, dass die Brüder Grimm etwas von der verborgenen Gnosis ihrer Märchen geahnt haben. Sie sahen in den von ihnen gesammelten Märchen wohl nur poetische Erfindungen des deutschen Volksgeistes. Und doch besitzen viele ihrer Geschichten, wenngleich längst nicht alle, einen geheimen Doppelsinn, der auf Magie, Gnosis und Mysterieneinweihung hinweist.

Der Machandelboom

Ein anderes Märchen der Gebrüder Grimm, in dem uraltes Einweihungswissen deutlich erkennbar weiterlebt, ist das plattdeutsche Volksmärchen VON DEM MACHANDELBOOM (Wacholderbaum), das von Phillip Otto Runge 1806 erstmals aufgezeichnet und später in die Sammlung deutscher Märchen aufgenommen wurde (Nr. 47). Es erzählt von Tod und Wiedergeburt, von der Regeneration der Seele aus der Kraft des Lebensbaumes, von Schuld und Vergeltung. Der Hergang der Geschichte lässt Ähnlichkeiten mit den altägyptischen Isis- und Osiris-Mysterien erkennen, sodass man vermuten kann, dass solche Todes- und Wiedergeburts-Mysterien auch im nordeuropäischen Raum vorhanden waren.

Die nordische Isis heißt in dem plattdeutschen Märchen Marleenichen; und ihr Bruder, ein göttlicher Sonnenknabe, gleicht dem ägyptischen Osiris. Dieser wird von seiner bösen eifersüchtigen Stiefmutter (ein negativer Archetyp der Großen Mutter) heimtückisch getötet, ja noch mehr: Der Leichnam wird zerstückelt und das Fleisch zu einem Abendessen zubereitet; nur die Gebeine bleiben übrig. Und ahnungslos verzehrt die ganze Familie – der Vater, die Stiefmutter und Marleenichen, die Schwester – den Leib des getöteten Knaben: eines der grauenhaftesten Märchen, die in der Sammlung der Gebrüder Grimm vorkommen! Nachdem die Schwester aber erfahren hatte, was geschah, weinte sie um den gemordeten Bruder, sammelte all seine Gebeine, verwahrte sie in einem seidenen Tuch; damit ging sie in den Garten und legte die Gebeine an den Fuß des wunderkräftigen Wacholderbaums, der dort stand: der Machandel-Boom, der Baum des ewigen Lebens und der Wiedergeburt. Dieser tritt uns in der germanischen Mythologie als Weltenesche Yggdrasil entgegen.

In dem Augenblick aber, da Marleenichen die Knochen des Bruders dem Machandel-Boom übereignet hatte, da geschah folgendes: Dampfwolken quollen aus dem Wunderbaum, der sich nun mächtig zu bewegen begann, eine gewaltige Feuergarbe strömte aus seiner Mitte, und dem Feuer entstieg ein wunderschöner Vogel, der hoch in die Luft flog und dabei mit menschlicher Stimme sang:

> *Mein Mutter, der mich schlacht' –*
> *Mein Vater, der mich aß –*
> *Mein Schwester der Marleenichen –*
> *Sucht alle meine Beenichen –*
> *Und bind't sie in ein seiden Tuch –*
> *Legt's unter den Machandelboom.*
> *Kywitt! Kywitt!*
> *Ach wat een schoin fagel bin ick.*[53]

Der Vogel, der den Flammen des Machandel-Boom entstieg, der Seelenvogel des gemordeten Sonnenknaben, stellt seinen auferstandenen Seelenleib dar. Dass die Seele des Menschen in Vogelgestalt vorgestellt wird, kommt in der religiösen Symbolik recht häufig vor. In der ägyptischen Legende erscheint die Seele des getöteten Osiris als Vogel auf der Spitze des Weltenbaumes, und noch eine Darstellung des Martyriums Alberts von Prag aus dem Beginn des 12. Jahrhunderts zeigt den Leichnam des ermordeten Bischofs und daneben seinen Seelenvogel auf der Spitze eines Baumes, der sich deutlich erkennbar als Lebens- und Weltenbaum erweist. Im Übrigen erinnert die Geschichte des hier erzählten plattdeutschen Märchens ziemlich an die vorderasiatischen Phönix-Mysterien: ein Vogel, der im Geäst des Weltenbaumes brütet, aber alle 500 Jahre aus Feuer und Asche wiedergeboren wird.

Und wie endet das Märchen vom Machandel-Boom? Der davongeflogene Vogel erwirbt als Dank für seinen Gesang eine goldene Halskette, ein Paar Schuhe und einen Mühlstein: die goldene Kette wirft er bei seiner Rückkehr ins Vaterhaus dem Vater um den Hals; die Schuhe schenkt er Marleenichen, aber den schweren Mühlstein wirft er auf die böse Stiefmutter herab, die durch das Gewicht zermalmt wird. Daraufhin strömt nochmals eine Feuergarbe aus dem Machandel-Boom, und aus dem Feuer tritt der Knabe – nun wieder in seiner alten Gestalt – hervor. Ob dieser Rückverwandlung sind alle recht vergnügt und gehen gemeinsam zum Abendessen. „Dass die Familie nach all dem Erlebten", schreibt B. Verhagen, „sich einfach 'vergnügt' an den Tisch setzt und isst, wirkt, real genommen, zu unwahrscheinlich, um nicht Teil eines alten, formelhaften Mythenschlusses zu sein."[54]

Es handelt sich, mit anderen Worten, bei diesem plattdeutschen Volksmärchen eigentlich gar nicht um ein „Märchen", sondern um die mythisch-formelhafte Darstellung einer geheimen Mysterienhandlung, die mit dem Weltbaum-Weltstützer-Kult eng verbunden war und den Komplex von Tod und Wiedergeburt als zentrales Thema in den Mittelpunkt stellte. Denn Kulte und Einweihungen wie die altägyptischen Isis- und Osiris-Mysterien gab es, unter anderem Namen, wohl aber in derselben Gestalt, auch im europäischen Norden. Darauf weist B. Verhagen in ihrem Buch GÖTTER, KULTE UND BRÄUCHE DER NORDGERMANEN nochmals hin. „Man glaube nicht", schreibt sie dort, „dass im hohen Norden derartige Mysterien fremd gewesen seien. Die Edda zum Beispiel ist voll davon. Mehr als die Hälfte ihrer Lieder weisen sich deutlich als Einweihungsgut aus. 'Lernen sollst du ...', heißt es immer wieder, Frage- und Antwortspiele zeigen, wie man das Götterwissen dem Adepten übermittelte (ein solches Frage- und Antwortspiel mythisch-mystischen Inhalts ist auch in der Bretagne aus druidischer Überlieferung erhalten)."[55]

Das Märchen vom Machandel-Boom weist auch Bezüge zum Odins-Mythos auf; denn für den germanischen Runen-Gott Odin war der Weltenbaum ein Ort der Regeneration, der Wiedergeburt und der mystischen Auferstehung. Machtvoll künden die Eddischen Runenlieder vom Selbstopfer Odins, dem Hängen am windigen Baum: „Ich weiß, dass ich hing am windigen Baum, neun Nächte lang, (...) an jenem Baum, da jedem fremd, aus welcher Wurzel er wächst"[56]. Der kosmische All-Baum ist hier gemeint, der Himmel, Erde und Unterwelt miteinander verbindet, die Weltachse oder *axis mundi*, die auch Platon kennt. Dieser sagt nämlich, dass die Erde „befestigt an der durch das Weltall hindurchgehenden Weltachse" sei (*Timaios* 40 c). Odin hängt also an der Weltachse, und nachdem er einen Schluck aus dem Dichermet Odrerir getan, wird ihm das Geheimnis der Runen offenbar.

Irische Feenmärchen

Die Feen waren nicht immer jene koboldartigen Landgeister, als die sie in den irischen, walisischen und bretonischen Volkstraditionen auftauchen; ursprünglich schicksalsgestaltende Mächte („Fee" kommt vom lat. *fatum*, Schicksal), waren sie die Gottheiten der vorkeltischen Bevölkerung Europas, die mit Ankunft der indogermanischen Hochgötter in die unterirdischen Reiche der Vegetationsgeister abgedrängt wurden.

Bis in das 17. Jahrhundert hinein war der Feenglaube auch bei den Gelehrten Irlands noch selbstverständlich, und die Landbevölkerung begegnete den als „Feen" bezeichneten Geistern stets mit großem Respekt. Sie besaßen, so glaubte man, Macht über die Lebenskräfte, die Elemente und das Wetter; sie konnten – wenn man sie reizte – Mensch und Vieh ernstlich schaden und die Ernte vernichten. Andererseits verstanden sie sich auf die Heilkunst und das Harfenspiel; bei richtigem menschlichen Verhalten zeigten sie sich gütig, hilfsbereit, humorvoll und zuweilen auch schelmisch.

Die ehemaligen Stammes- und Territorialgottheiten Irlands sind nach der Christianisierung der Insel entweder zu Heiligen oder zu mächtigen Feenköniginnen geworden. Sie herrschten in einem Reich, das unter der Erde lag, dem *„Land der ewigen Jugend"*, wo bei Musik und Tanz prächtiger Hofstaat gehalten wurde. Manchmal ist es Sterblichen gelungen, in dieses glückliche Feenland einzudringen, ja sie wurden zuweilen gar von den dort Lebenden festgehalten, aber welch' ein Wunder – *Im Feenreich läuft die Zeit anders.* Wilhelm Grimm hat im Nachwort zu Crockers IRISCHEN ELFENMÄRCHEN zwei solcher Fälle dokumentiert:

„Ein Pächter in der Nachbarschaft von Cairngorm in Strathspey zog mit seiner Familie und seinem Vieh in den Wald von Glenavon, der als Sitz der Elfen bekannt ist. Zwei von seinen Söhnen, die in einer Nacht weit ausgegangen waren, ein paar verlorene Schafe zu suchen, kamen zu einem Shian [= Feenhügel] von großem Umfang; zu ihrem Erstaunen strömte das glänzendste Licht aus unzähligen Spalten im Felsen, die das schärfste Auge niemals vorher daran entdeckt hätte. Neugierde trieb sie näher, und von den entzückenden Klängen einer Geige bezaubert, wobei Ausbrüche der höchsten Lust sich hören ließen, versöhnten sie sich einigermaßen mit dem gefährlichen Ort. Der eine Bruder konnte, ohngeachtet der Abmahnungen des andern, seiner Neigung, an dem Tanz teilzunehmen, nicht widerstehen und sprang endlich mit einem Satz in den Shian hinein. Der andere, der ihm nachzuspringen [sich] nicht getraute, trat an eine der Spalten, rief dreimal, wie gebräuchlich, seinen Bruder mit Namen an und bat ihn aufs dringendste, mit ihm, Donald Macgillivray, wieder nach Haus zu gehen. Alles war ohne Erfolg; Donald musste die traurige Nachricht von dem Schicksal des Bruders den Eltern bringen. Alle Mittel und Gebräuche, die man in der Folge noch anwendete, ihn der Gewalt der Elfen zu entziehen, waren vergeblich, und man hielt ihn für verloren. Endlich gab ein weiser Mann dem Donald den Rat, *wenn gerade ein Jahr und ein Tag vorbei sei,* so solle er zu dem Shian zurückkehren; ein Kreuz in den Kleidern solle ihn vor der Macht der Elfen schützen; dann solle er getrost hineingehen, seinen Bruder im Namen Gottes zurückfordern und, folge er nicht freiwillig, ihn mit Gewalt fortführen. Donald erblickt auch wieder Licht in dem Shian und vernimmt Musik und Freudengeschrei; nach furchtsamem Zögern tritt er endlich hinein und findet seinen Bruder, der in aller Lust einen hochländischen Tanz tanzt. Er eilt auf ihn zu, fasst ihn beim Kragen und beschwört ihn, mit fortzugehen. Der Bruder willigt ein, will aber nur erst den Tanz beendigen, indem er behauptet, *er sei erst eine halbe Stunde in dem Haus.* Vergebens versichert ihm Donald, *nicht eine halbe Stunde, bereits zwölf Monate verweile er hier*; er würde es ihm, als er wieder bei seinen Eltern angelangt war, nicht geglaubt haben, hätten ihn nicht die groß gewordenen Kälber und die aufgewachsenen Kinder überzeugt, *dass sein Tanz ein Jahr und einen Tag gedauert hatte.*"[57]

Die Besucher im Feenreich, ob freiwillig oder nicht, mussten dort immer wieder ein Phänomen der *Zeitdilatation* feststellen. Erkenntnisse der modernen Physik sind hier auf „märchenhafte" Weise vorweggenommen worden. Hier ein anderes Beispiel, noch extremer:

„Vor etwa dreihundert Jahren lebten in Strathspey zwei Männer, die wegen ihrer Geschicklichkeit auf der Geige berühmt waren. Es trug sich zu, dass sie einmal zu Weihnachten nach Inverness gingen, dort ihre Kunst auszuüben. Sie bezogen alsbald eine Wohnung, machten ihre Ankunft bekannt und boten ihre Dienste an. Bald darnach bestellte sie ein alter Mann von ehrwürdigem Aussehen mit grauen Haaren und einigen Runzeln im Gesicht, aber von freundlichem, artigem Betragen. Sie begleiteten ihn und kamen zu der Türe eines etwas seltsamen Hauses; es war Nacht, doch konnten sie leicht bemerken, dass das Haus in keiner ihnen bekannten Gegend stand. Es glich einem Tomhan in Glenmore. Die freundliche Einladung und der Klang des Geldes überwand ihre Bedenklichkeiten, und alle Furcht verschwand bei dem prächtigen Anblick der Versammlung, in welche sie eintraten. Die süßeste Musik munterte zur größten Lust und Freude auf, der Boden zitterte unter den kühnen Sprüngen der Tänzer. Beide Männer brachten die Nacht auf das angenehmste zu, und als das Fest beendigt war, beurlaubten sie sich, sehr erfreut über die gute Behandlung, die sie erfahren hatten. Aber wie groß war ihr Erstaunen, als sie, aus dieser wunderlichen Wohnung heraustretend, fanden, dass sie aus einem kleinen Berge kamen und alles, was gestern noch neu und glänzend gewesen, *zerfallen und von der Zeit verwüstet war*, während sie seltsame Neuerungen in Tracht und Sitten an der großen Menge Zuschauer bemerkten, welche ihnen voll Verwunderung und Bestürzung nachfolgten. Als man sich endlich gegenseitig verständigte, kam man auf die Vermutung, dass die beiden Musikanten bei den Bewohnern von Tomnafurich, wo sich die Elfen aus der Nachbarschaft zu versammeln pflegten, müssten gewesen sein. Ein alter Mann, der den Auflauf herbeigeführt, sagte nach Anhörung der Geschichte: 'Ihr seid die beiden Männer, die bei meinem Urgroßvater wohnten und welche, wie man glaubte, von Thomas Rymer nach Tomnafurich verlockt wurden. Eure Freunde beklagten euch sehr; *doch hundert Jahre, die seitdem verflossen sind, haben eure Namen in Vergessenheit gebracht.*"[58] Nebenbei bemerkt: auch die indische Mythologie kennt das Phänomen der *Zeitdilatation*; den Menschen, Halbgöttern und Göttern werden verschiedene Zeit-Ebenen zugeordnet. Nach dem *Linga Purana* sind 30 irdische Jahre ein Monat der Halbgötter. 100 irdische Jahre sind 3 Monate und 10 Tage der Halbgötter, 360 irdische Jahre machen ein Jahr der Halbgötter aus. 3030 Erdenjahre entsprechen einem Jahr der Sieben Weisen.

Alice im Wunderland

Sie lagen im 19. Jahrhundert in allen Kinderzimmern Englands, sie wurden im Londoner Herrenclub ebenso gelesen wie in der Offiziersmesse von Kalkutta, sie wurden von Königin Victoria gelesen und von Oscar Wilde, sie wurden im Parlament ganz selbstverständlich zitiert und in der *Times*, sie regten schließlich selbst die französischen Surrealisten Aragon und Breton zu künstlerischem Schaffen an – gemeint sind die beiden Bücher ALICE IM WUNDERLAND und ALICE HINTER DEN SPIEGELN des Autors Lewis Caroll.

Es sind ausgesprochen bizarre, surrealistische Märchen, gewürzt mit einer kräftigen Priese britischen Humors, und für Erwachsene nicht weniger geeignet als für Kinder. Hinter dem Autorennamen Lewis Caroll verbirgt sich die Person des Dozenten für Mathematik und Logik am Christ Church College in Oxford mit bürgerlichem Namen *Charles Lutwidge Dodgson* (1832–1898), der bei seinen Freunden und Kollegen als ein gutmütiger, verschrobener, in sich gekehrter, höflicher und doch menschenscheuer Zeitgenosse, bei seinen Schülern als pedantischer und langweiliger Dozent gegolten hat. Aber niemand ahnte etwas vom Doppelleben des schrulligen Professors – dass die ganze Leidenschaft seines Lebens einem damals siebenjährigen Mädchen galt, der kleinen Alice Pleasance Lidell, für die er heimlich in seinen Mußestunden die Alice-Märchen schrieb, die ursprünglich gar nicht für die Veröffentlichung gedacht waren.

In Lewis Carolls vielschichtiger Kindergeschichte ALICE IM WUNDERLAND (1865) gelangt die kleine Alice auf den Schwingen des Schlafes in ein rätselhaftes, nahe am Erdmittelpunkt gelegenes Wunderland. Ein sprechendes weißes Kaninchen, eine Art Seelengeleiter, führt das Mädchen durch einen dunklen tiefen Schacht im Inneren seines Baues in diese geheimnisvolle Welt. Hier begegnet Alice wundersamen Wesen wie dem Hutmacher, der Haselmaus oder dem Kartenkönigspaar und erlebt Geschichten, die die bisher gewohnte Ordnung völlig in Frage stellen. *Ein* Verstoß gegen die physikalischen Gesetze besteht darin, dass sich Alice mit Hilfe eines Zaubermittels beliebig vergrößern und verkleinern kann. Und es ist wohl ein besonderes Paradox, dass es ausgerechnet ein renommierter Oxford-Professor für *Logik* war, der sich hier ein Wunderland geschaffen hat, in dem die normalen logischen Gesetze auf den Kopf gestellt sind.

Sechs Jahre nach ihrer Rückkehr aus dem Wunderland (1871) tritt Alice durch den Spiegel über dem Kamin im Wohnzimmer nochmals eine Reise in eine befremdliche Traumlandschaft an. Alice hinter den Spiegeln gehört als zweiter Teil der Alice-Erzählungen zu den bekanntesten Texten der englischen Literatur. Ein überdimensionales Schachbrett wird hier zum Aktionsfeld einer neuen Welt – Alice macht Bekanntschaft mit den Figuren darauf, trifft sprechende Blumen und versucht, die Gesetze der verdrehten Spiegelwelt zu begreifen. Dabei ist diese nur durch einen hauchdünnen Nebelschleier von unserer gewohnten Raum-Zeit-Welt getrennt. Hier der Durchgang durch den Spiegel: „'Wie schön das wäre, wenn wir in das Spiegelhaus hinüber könnten! Sicherlich gibt es dort, ach! so herrliche Dinge zu sehen! Tun wir doch so, als ob aus dem Glas ein weicher Schleier geworden wäre, dass man hindurch steigen könnte. Aber es wird ja tatsächlich zu einer Art Nebel! Da kann man ja mit Leichtigkeit durch – ', und während sie das sagte, war sie schon auf dem Kaminsims, sie wusste selbst nicht wie, und wirklich schmolz das Glas dahin, ganz wie ein heller, silbriger Nebel."[59] Vielleicht trennt uns tatsächlich nur eine hauchdünne Nebelwand von einem Parallel-Universum, das eine spiegelbildliche Entsprechung zu unserem materiellen Universum darstellt – *ein Universum aus Antimaterie.* Der innere Aufbau der Atome verhält sich dort genau umgekehrt wie bei uns. Es ist fraglich, ob Lewis Caroll davon gewusst haben kann; geht doch die "Entdeckung" der Antimaterie erst auf die zweite Hälfte des 20. Jahrhunderts zurück. Mag die Spiegelwelt wirklich nur eine phantasievolle Imagination des verschrobenen Professors gewesen sein – heute jedenfalls liest sich ihre Beschreibung wie ein Metapher auf die Welt der Antimaterie, in der natürlich auch ein anderer Raum-Zeit-Begriff herrscht als in der uns bekannten Welt. Deshalb ist es für Alice ungemein schwierig, sich in der Spiegelwelt zurechtzufinden. Auch wenn man noch so schnell läuft, kommt man nicht vom Fleck; wenn man auf ein Objekt zugeht, entfernt man sich von ihm zunehmend, und vor allem – *Die Zeit läuft dort rückwärts!*

Hier ein paar Beispiele für die geänderten Raum-Zeit-Parameter in der Spiegelwelt: „Wenn Alice später daran zurückdachte, kam sie nie mehr ganz dahinter, wie es damit eigentlich zugegangen war: nur so viel weiß sie noch, dass die Königin sie einmal an der Hand hielt und aus Leibeskräften rannte; und wie die Königin so schnell dahinsauste, dass sie nur noch mit der größten Mühe nachkam; und dabei rief die Königin noch dauernd: 'Schneller!', aber Alice wusste genau, dass es einfach nicht mehr *ging* – nur bekam sie nicht mehr genug Luft, das auch zu sagen. (...,) 'Nun, in unserer Gegend', sagte Alice noch immer ein wenig atemlos, 'kommt man im allgemeinen woandershin, wenn man so schnell und lange läuft wie wir eben.' 'Behäbige Gegend', sagte die Königin. '*Hier*zulande musst du so schnell rennen, wie du kannst, wenn du am gleichen Fleck bleiben willst. Und um woandershin zu kommen, muss man noch mindestens doppelt so schnell laufen.'" [60] Entscheidend ist hier der Satz: *Alice wusste, dass es nicht schneller ging* – im Einstein-Universum ist die höchste Geschwindigkeit, wie wir wissen, die *Lichtgeschwindigkeit.*

Muss man in der „Welt hinter den Spiegeln" mindestens das Doppelte der Lichtgeschwindigkeit hinlegen, um vom Fleck zu kommen? So enthalten die Alice-Märchen versteckte hyperphysikalische Botschaften. Hier ein Beispiel für das *Rückwärtslaufen der Zeit*: „'Das verstehe ich nicht', sagte Alice. 'Es ist schrecklich verwirrend. 'Das kommt davon, wenn man rückwärts in der Zeit lebt', sagte die Königin freundlich; 'anfangs wird man davon leicht ein wenig schwindelig –' 'Rückwärts in der Zeit lebt!' wiederholte Alice mit großem Erstaunen. 'Davon habe ich noch nie etwas gehört!' ' – aber einen Vorteil hat es doch, nämlich dass das Gedächtnis nach vorne und rückwärts reicht.' 'Also, *meines* reicht nur rückwärts', bemerkte Alice. 'Ich kann mich nie an etwas erinnern, bevor es geschieht!' 'Eine dürftige Art von Gedächtnis, wenn es nur nach rückwärts reicht', stellte die Königin fest."[61] In der modernen Physik versteht man unter „Antimaterie" nach einer geläufigen Definition *Teilchen, die in der Zeit rückwärts laufen.* Ob Lewis Caroll in seinen Alice-Büchern nur Gedankenspiele treibt oder ob er wirklich etwas ahnte von der Realität raumzeitverschobener Parallel-Universen, mag einmal dahingestellt bleiben. Eine Anregung für jeden, der sich mit dem Thema „Reisen durch Raum und Zeit" befasst, sind sie allemal.

Peterchens Mondfahrt

Im Garten von Peterchens Eltern wohnt auf einem Kastanienbaum ein Maikäfer namens Sumsemann. Ihm ist ein großes Unglück zugestoßen: Der böse Holzfäller, der ihm sein sechstes Bein abgehackt hat, wurde von der Fee der Nacht auf den höchsten Mondberg verbannt – mitsamt dem Beinchen. Nur gut, dass es Peterchen und Anneliese gibt – mit diesen beiden begibt sich Sumsemann auf eine abenteuerliche Sternenreise, um das verlorene Bein wiederzugewinnen. Dies ist, auf einen kurzen Nenner gebracht, der Inhalt des im Jahre 1915 erschienenen Kunstmärchens PETERCHENS MONDFAHRT. Der Verfasser, Gerdt von Bassewitz, 1878 in Mecklenburg geboren, schlug zunächst die militärische Laufbahn ein, entschloss sich aber dann, Schauspieler zu werden. Später versuchte er sich als freier Schriftsteller. Er schrieb mehrere Theaterstücke, aber sein einziger großer Erfolg blieb das Märchen PETERCHENS MONDFAHRT, das an das Vorbild, PETER PAN von James Matthew Barrie, deutlich erkennbar anknüpft. Er starb im Jahre 1923 in Berlin.

Bei Peterchens Mondfahrt handelt es sich eigentlich um eine *Astralreise*; sie geht zunächst auf die Sternenwiese, dann – mit einem Schlitten – die Milchstraße entlang, an deren Ende sich das Schloss der Nachtfee befindet. Die Reise trägt auch den Charakter einer *Queste*, einer abenteuerlichen Suche. Wie einst die Helden der Romantik nach der blauen Blume, die Artusritter nach dem heiligen Gral auszogen, so brechen Peterchen und Anneliese auf, um nach dem verlorenen Maikäferbein zu suchen. Die Reise beinhaltet viele Gefahren und Prüfungen; sie ist vielleicht auch ein innerer Weg und weniger eine Reihe von äußeren Ereignissen. Die Mondfahrt wird nicht mit einer Rakete oder irgendeinem anderen Fluggerät unternommen, sondern sie ist eine reine Seelenreise – ein Flug durch den Ätherraum. Und dies geschieht nachts, zu einem Zeitpunkt, da nach Aussage der Esoteriker die Seele sich aus dem Körper herauslöst und auf den Astralebenen umherschweift. Es gibt auch viel Naturmagie in diesem Märchen. Die Sterne werden als kleine Sternenmädchen dargestellt, silberfarben und mit Strahlenkrone. Sie sind gleichsam die Personifizierungen stellarer Intelligenzen.

Das Naturmagischste in der Geschichte aber ist das *Schloss der Nachtfee*. Es befindet sich in entrückter Einsamkeit am Ende der Milchstraße, ein Astraltempel wie ein geschliffenes Juwel: „Himmelhohe, silberne Säulen trugen eine ungeheure Wolkenkuppel, von wehenden Nebeln wie von zarten Fahnen umschwebt. – Der Boden war aus tiefblauem Kristall, so durchsichtig wie das Wasser des Meeres, wenn es ganz still liegt. Durch weitere Eingänge zwischen den Säulen sah die Nacht hinein und in ihrer Unendlichkeit schwebten gleich großen Blumen Tausende von Wölkchen und gaben ein zauberzartes Licht. Das Schönste aber war der Thron der Nachtfee in der Mitte des Saales. Aus einem einzigen grünen Edelstein waren seine Stufen geschnitten, aus Perlen war der Sitz, die Lehne aus Silber und sieben blaue Sterne funkelten leise darüber in der Luft."[62] Und in diesem Schloss lädt die Nachtfee die Naturgeister zu Tanz und Gelage, den Donner, die Winde und Wolken, den Regen, Eis und Hagel und nicht zuletzt Frau Holle, sie alle personifiziert als handelnde Wesen. Das ist reinste Naturmagie; ein heidnisches Götterpantheon feiert hier Auferstehung, und die Nachtfee erscheint als die Personifizierung der geheimnisvollen Nacht- und

Schattenseite der Natur.

Man fühlt sich hier unwillkürlich an das bekannte Märchen EROS UND FABEL von Novalis erinnert, in dem in ganz ähnlicher Weise in der Mondburg Gäste zusammenkommen und miteinander feiern. Auch sie sind personifizierte Naturgewalten: „Die Burg stand still, denn sie war auf das Gebirge jenseits des Meers gekommen. Von allen Seiten strömten seine Diener herzu, deren seltsame Gestalten und Trachten Ginnistan unendlich ergötzten, und den tapferen Eros nicht erschreckten. Erstere grüßte ihre alten Bekannten, und alle erschienen vor ihr mit neuer Stärke und in der ganzen Herrlichkeit ihrer Naturen. Der ungestüme Geist der Flut folgte der sanften Ebbe. Die alten Orkane legten sich an die klopfende Brust der heißen leidenschaftlichen Erdbeben. Die zärtlichen Regenschauer sahen sich nach dem bunten Bogen um, der von der Sonne, die ihn mehr anzieht, entfernt, bleich dastand. Der raue Donner schalt über die Torheiten der Blitze hinter den Wolken hervor, die mit tausend Reizen dastanden und die feurigen Jünglinge lockten. Die beiden lieblichen Schwestern, Morgen und Abend, freuten sich vorzüglich über die beiden Ankömmlinge. Sie weinten sanfte Tränen in ihren Umarmungen. Unbeschreiblich war der Anblick dieses wunderlichen Hofstaates."[63]

Für Peterchen und Anneliese ist das Schloss der Nachtfee nur eine vorübergehende Aufenthaltsstation. Sie sollen ja nun zum höchsten Mondberg katapultiert werden, und dies geschieht – man fühlt sich an Jules Verne erinnert – mit Hilfe einer Kanone. Der Mondberg selbst wird als eine fremde, bizarre Welt geschildert: „Auf dem Monde war eigentlich alles sonderbar und wunderlich; aber auf dem Gipfel des Mondberges war es doch am allerseltsamsten. Bäume standen da, die gar nicht wie Bäume, sondern wie Baumgespenster aussahen. Grauweiß waren sie und ganz gebeugt unter der Last einer uralten Asche, die wohl einst nach großen Stürmen auf dem Monde wie Schnee auf ihre Zweige niedergefallen sein mochte. Jeder Baum warf einen langen Schatten. Pechschwarz gleich dicken Tintenstrichen lagen diese Schatten auf dem geistergrauen Boden und sahen sehr unheimlich aus. Hin und wieder standen große, grünliche Pilze, die gewiss sehr giftig waren, zwischen den Wurzeln der Gespensterbäume und uralter, eisgrauer Schimmel hatte alle Steine am Boden dick überzogen."[64]

Der anschließende Kampf mit dem wilden Mondmann hat etwas von einem Schwellenhüter-Erlebnis. Zumindest ist er eine Grenzerfahrung. In früheren Zeiten waren solche gefahrvollen Prüfungen notwendig, um das Ziel der Einweihung zu erreichen. Auch in den Märchen gibt es immer wieder solche Prüfungen. Nach der Besiegung des Mondmanns wird das fehlende Maikäferbein am Baum hängend entdeckt, abgenommen und dem invaliden Tier wieder eingesetzt.

Der symbolische Sinn dieser Handlung ist klar: Dieses Teil war das fehlende Glied zur Ganzheit. Und ganzheitlich wollen wir ja alle werden. Es geht in diesem Märchen also um Integration, Ganzwerdung, Heilwerdung. Nach getaner Arbeit geht es wieder zurück zur Erde, und die Geschichte endet damit, dass die kleinen Helden am Morgen aufwachen – war alles also nur ein Traum gewesen? War es eine Traumreise oder eine Seelenreise, war es alles nur Einbildung und Phantasie oder Austritt aus dem Körper und Umherschweifen auf astralen Ebenen? Wir wollen diese Frage hier ganz bewusst nicht beantworten.

Es hat vor PETERCHENS MONDFAHRT schon andere

phantastische Mondreisen gegeben. Die des Baron von Münchhausen wäre etwa zu nennen; sie gehört in ein Szenario bizarrer, oft derb-humorvoller Geschichten, die seit ihrem Erscheinen in Jahre 1786 sehr populär waren. Dass der Verfasser dieser Geschichten ein Göttinger Privatdozent namens Gottfried August Bürger (1747–1794) war, ist weniger bekannt. Münchhausen gelangt auf sehr komfortable Art zu unserem Trabanten. Er ist auf einem Schiff in der Südsee unterwegs, als dieses von einem Orkan ergriffen und in die Wolken erhoben wird, wo es seine Segelfahrt fortsetzt, bis es an einer großen silbernen Insel – dem Mond nämlich – anlegt. Die Bewohner, die er dort antrifft, sind reine Ausgeburten der Phantasie. Das Ganze soll wohl eine Groteske sein von der Art, wie man sie in den Münchhausen-Geschichten häufig antrifft. Münchhausens Mondfahrt wird folgendermaßen geschildert:

„Den achtzehnten Tag, nachdem wir bei der Insel Otaheiti vorbeigekommen waren, führte ein Orkan unser Schiff wenigstens tausend Meilen von der Oberfläche des Wassers weg und hielt es eine geraume Zeit in dieser Höhe. Endlich füllte ein frischer Wind unsere Segel, und nun ging's mit unglaublicher Geschwindigkeit fort. Sechs Wochen waren wir über den Wolken gereiset, als wir ein großes Land entdeckten, rund und glänzend, gleichsam eine schimmernde Insel. Wir liefen in einen bequemen Hafen ein, gingen an das Ufer und fanden das Land bewohnt. Unter uns sahen wir eine andere Erde mit Städten, Bäumen, Bergen, Flüssen, Seen… Im Monde – denn das war die schimmernde Insel, an der wir gelandet hatten – sahen wir große Gestalten, die auf Geiern ritten, von denen jeder drei Köpfe hatte."[65]

Und einen weiteren Mondreisenden müssen wir hier nennen, älter noch als Münchhausen, den französischen

Satiriker, Schriftsteller und Lebemann Cyrano de Bergerac (1619–1655), der in der Nachfolge utopischer Reiseromane eine posthum erschienene REISE ZUM MOND veröffentlicht hat. Als Vorlage mochte ihm der utopische Roman DER MANN IM MOND (1638) des Engländers Francis Godwin gedient haben. Cyrano führt uns einen Protagonisten vor, der auf wundersame Weise zum Mond gelangt und dort direkt im irdischen Paradies landet, aus dem er jedoch wegen ketzerischer Ansichten recht bald wieder verbannt wird. Danach trifft er auf bemerkenswerte Mondbewohner: Sie ernähren sich von Duft, bezahlen mit Sonetten und Oden, verständigen sich mit Tönen und können ihre enorm langen Nasen als Sonnenuhr benutzen. Zweifellos soll dies alles eine Satire sein. Und sicherlich nutzt der Autor die Dialoge mit den Lunariern auch dazu, seine eigenen ketzerischen und in der damaligen Zeit recht modernen Ansichten auszudrücken.

Die Art und Weise, wie der Held der Geschichte zum Mond gelangt, hört sich sehr technisch an: „Ich hatte rings an mir eine Menge von Kugelfläschchen voller Tau festgemacht, und die Sonnenhitze, die sie anzog, hob mich so hoch empor, dass ich mich schließlich über den höchsten Wolken befand. Da diese Anziehungskraft mich aber mit zu großer Geschwindigkeit aufsteigen ließ, und statt dass ich dem Mond näher kam, wie es in meiner Absicht lag, er mir weiter entfernt schien als bei meinem Abflug, zerbrach ich mehrere meiner Fläschchen, bis ich spürte, wie mein Gewicht die Anziehung überwog und ich wieder zur Erde niedersank."[66] Es ist ein recht sonderbarer Flugapparat, und damit gelangt der Verfasser direkt ins Paradies, wo er den entrückten Henoch trifft. So ist sein Mondmärchen eine Mischung aus Astralreise und technischer Science

Fiction im Stil von Jules Verne.

Schon in den frühen Tagen des Films ist zum Mond gefahren worden, aber die erste große und ernsthafte Mission fand im Jahre 1927 in Deutschland statt: Der Film FRAU IM MOND von Fritz Lang, nach einem Roman seiner Ehefrau Thea von Harbou, ging drei Jahre nach der grauenvollen Vision der Zukunftsstadt METROPOLIS mit naturwissenschaftlichem Ernst und dem Pathos der Ingenieure an die Sache heran, blieb aber im Kern ein romantisches Unternehmen. Ein verrückter Professor namens Georg Manfeld hat eine „Mondgoldtheorie" aufgestellt, die ihn indes zum wissenschaftlichen Außenseiter werden lässt. Dieser Theorie zufolge gibt es im Inneren der Mondgebirge auf der verborgenen Rückseite des Trabanten größere Mengen Goldes als man sie je auf Erden finden könne, und Manfeld hält es auch für möglich, mit einer Rakete dorthin zu reisen und wieder zurückzukehren. Der ehrenwerte Astronaut Wolf Helius will die Expedition durchführen, doch geht es ihm allein um den Triumph der wissenschaftlichen Pionierleistung. Doch eine Clique finanzkräftiger Magnaten bemächtigt sich der Expedition, um sie ganz in den Dienst der ökonomischen Ausbeutung zu stellen. So kommt es zwangsläufig zu Konflikten. Im Übrigen ist FRAU IM MOND bereits eine rein technische Utopie, die viele Details der ersten realen Mondlandung im Jahre 1969 prophetisch vorwegnimmt.

Wer ist Peter Pan?

Peter Pan, eine von dem schottischen Schriftsteller James Matthew Barrie (1860–1937) geschaffene Märchenfigur, ist ein Symbol für das ewige Kind, für das „Kind, das nie erwachsen wird", und dieses lebt auf der fiktiven Insel *Nimmerland* als Anführer der „Verlorenen Jungs", einer Gruppe von Kindern ohne Eltern. Alles in allem hat man den Eindruck, dass Peter Pan kein normaler englischer Junge ist, sondern ein übernatürliches, feenartiges Wesen; ein Hauch von Zeitlosigkeit umgibt ihn, da er nicht altert und immer seine ersten Milchzähne behält. Möglicherweise ist auch sein Nimmerland ein Feenreich oder ein Kinderhimmel, allenfalls ein Ort eher im Jenseits als in der uns bekannten dreidimensionalen Raumzeit-Welt.

Die erste Beschreibung Peter Pans findet sich in Barries Buch DER KLEINE WEISSE VOGEL, keinem Kinderbuch übrigens, sondern einem Roman für Erwachsene, im Jahre 1902 erschienen: „Obwohl Peter Pan schon unendlich lange lebt, ist er eigentlich nur eine Woche alt. Er hatte noch nie Geburtstag, und es besteht nicht die geringste Aussicht, dass er je Geburtstag feiern wird. Das kommt so: Als er sieben Tage alt war, hatte er keine Lust mehr ein Mensch zu sein, entfloh durch das offene Fenster und flog in die Kensington-Gärten. Wenn du meinst, Peter wäre das einzige Baby, das entfliehen wollte, zeigt das nur, wie vollständig du die Zeit vergessen hast, als du selber jung warst."[67] Das Feenhafte seines Wesens wird auch durch seine äußere Erscheinung betont: Peter Pan bleibt immer ein Junge im Alter von 11 bis 13 Jahren, trägt einen grünen, mit Blättern bedeckten Anzug, ähnlich wie Robin Hood, und in manchen Versionen wird er mit feuerroten Haaren und spitz zulaufenden Ohren dargestellt.

Dabei wird Peter Pan stets von einer kleinen weiblichen Fee begleitet, die *Glöckchen* oder im Englischen *Tinker Bell* genannt wird; und wie diese vermag er sich leicht über die Gesetze der Schwerkraft hinwegzusetzen, indem er sich in die Lüfte erhebt und fliegt – zum Fliegen braucht er keine Flügel, sondern er muss lediglich mit „Feenstaub" bedeckt sein. Auch kommt es nicht von ungefähr, dass sein Name an den eines griechischen Naturgottes erinnert: Pan. Dieser trieb sich einst in den Wäldern Arkadiens herum, wie Peter in den Kensington-Gärten. Er ist gewissermaßen der *Genius loci* dieses Ortes, und tatsächlich befindet sich bis auf den heutigen Tag in diesen königlichen Gärten Londons eine Peter-Pan-Statue, um denjenigen zu verewigen, den man hier wohnen dachte. So ist Peter Pan schon zu einem Teil unseres kulturellen Gedächtnisses, vielleicht unseres kollektiven Unbewussten geworden.

Im Mittelpunkt der Peter-Pan-Geschichte steht das Mädchen *Wendy*, die mit ihren beiden jüngeren Brüdern *John* und *Michael* im Hause ihrer Eltern Mr. und Mrs. Darling lebt, dabei ganz ihren Träumen und Phantasien hingegeben. Peter Pan wird für diese drei ein unsichtbarer Spielgefährte, und selbst Mrs. Darling erinnerte sich noch „an einen Peter Pan, der angeblich bei den Feen lebte. Es gab alte Geschichten über ihn, zum Beispiel, dass er Kinder ein Stück begleitete, wenn sie starben, damit sie keine Angst bekamen. Damals hatte sie an ihn geglaubt, aber nun war sie verheiratet und vernünftig, und sie bezweifelte, dass es eine solche Person gab"[68]. Den Wohnsitz der Familie Darling in London, das Haus Nr. 14, hat Peter Pan schon öfters heimgesucht. Wie ein Vampir kam er des nachts durchs Fenster hereingeflogen, und beim ersten Mal hatte er ein Zusammentreffen mit dem riesigen Schoßhund *Nana*, der ihm den Schatten abbiss. Der Schatten vielleicht als Symbol für die Seele, für den Astralkörper? Der Schatten als der Doppelgänger, auf den man nicht verzichten kann? Jedenfalls kommt Peter Pan ein zweites Mal, um seinen Schatten zurück zu holen. Dabei trifft er auf Wendy, mit der er sich anfreundet, und schließlich überredet er sie, mit ihm nach Nimmerland zu gehen.

Nimmerland, das ist ein wenig wie Michael Endes *Phantásien* – ein Traumreich, Schattenreich, eine Phantasiewelt: dort gibt es Rothäute, Meerjungfrauen, Piraten, und natürlich die „Verlorenen Jungs", für die Wendy wohl die Mutterrolle übernehmen soll. Wendy sagt zu, aber nur unter der Bedingung, dass sie ihre zwei Brüder mitnehmen kann. Und so geschieht es auch – gemeinsam fliegen sie los, von Feenstaub bedeckt, ein Seelenflug wohl eher als eine reale Reise durch die Luft. Und wo liegt Nimmerland? *„Die Zweite rechts, dann geradeaus bis zum Morgen"* lautet Peter Pans Antwort – eine Richtungsangabe, mit der natürlich niemand etwas anfangen kann. Denn Nimmerland ist im wörtlichen Sinne eine Utopie, ein Nicht-Ort, ähnlich wie Thomas Morus' *Utopia*, sicherlich auch eine Projektion von Wünschen und Sehnsüchten. Ein Metapher für ewige Kindheit und Jugend, Unsterblichkeit, aber auch eines für Kindlichkeit, kindische Wesensart und Eskapismus.

Schon bei der Ankunft in Nimmerland ergeben sich Probleme: Die Fee Glöckchen hat die dort lebenden „Verlorenen Jungs" angewiesen, die durch die Lüfte fliegende Wendy abzuschießen. Dabei beruft sie sich auf Peter Pan, der dies angeblich so gewollt habe. So musste Wendy erleben, dass mit Pfeilen auf sie geschossen wurde; doch der Irrtum wurde aufgeklärt, und sie konnte das Eiland unverletzt betreten. Aber das Ereignis wirft ein bezeichnendes Licht auf Glöckchen. Trotz ihres niedlichen Namens scheint sie in Wahrheit ein zutiefst unmoralisches Wesen zu sein. In Volksüberlieferungen werden Feen jedoch oft genau so beschrieben: jenseits von Gut und Böse; ihnen haftet doch immer etwas Dämonisches an.

Ähnlich verhalten sich die Meerjungfrauen; sie bevölkern die „Lagune der Nixen", aber den Menschen stehen sie eher ablehnend, ja feindlich gegenüber. „Die Kinder verbrachten oft lange Sommertage an dieser Lagune. Meist schwammen sie oder ließen sich treiben oder führten sich auf wie Meerjungfrauen. Aber ihr dürft nicht glauben, die Nixen seien ihnen freundlich gesinnt gewesen. Im Gegenteil, Wendy bedauerte es immer, dass sie von ihnen kein einziges freundliches Wort hörte, solange sie auf der Insel war."[69]

Aber die Macht des Bösen auf der Insel wird verkörpert durch die *Piraten*; deren Anführer *Captain Hook* ist der eigentliche Gegenspieler von Peter Pan. Gekleidet in der Tracht des 18. Jahrhunderts, ist er finster, brutal, skrupellos, melancholisch und einsam, dabei aber mit den Allüren eines Gentleman versehen, anziehend und abstoßend zugleich. Ist Peter Pan das ewige Kind, so er der Erwachsene schlechthin – beide liefern sich einen tödlichen Zweikampf am Ende. Und ganz am Schluss nimmt die Geschichte eine überraschende Wendung. Wendy ist inzwischen erwachsen geworden, über 20 Jahre alt, selbst schon verheiratet, und sie hat eine kleine Tochter namens Jane. *Da erscheint eines Abends ganz plötzlich Peter Pan. Er sieht aus wie gewohnt und trägt immer noch seine Milchzähne.*

Der Zauberer von Oz

Das Märchen DER ZAUBERER VON OZ, im Jahre 1900 erschienen, ist in den USA längst zu einem Klassiker der Kinder- und Jugendliteratur geworden. Bei Kindern und Erwachsenen gleichermaßen beliebt, gehört es zum Grundbestand fast jeder Hausbibliothek, und zwar lange bevor Judy Garland 1937 in der Hauptrolle des gleichnamigen Films zum Star wurde. Das Märchen erzählt von dem Mädchen Dorothy aus Kansas, die mit ihrem Schoßhund Toto durch einen Wirbelsturm in ein seltsames Land getragen wurde, wo in der Smaragdenen Stadt der Zauberer von Oz regiert.

Alles scheint hier im Banne eines geheimen Zaubers zu stehen. Gefahren gibt es genug, und zahlreiche Bewährungsproben gilt es zu bestehen. Den seltsamsten Wesen begegnet sie hier, von denen einige zu ihren Gefährten werden, so etwa die Vogelscheuche, der Holzfäller mit seinen Gliedmaßen aus Metall und der ängstliche Löwe. Gemeinsam versuchen sie, bis zum Zauberer von Oz vorzudringen, der allein in der Lage zu sein scheint, die Gefährten von ihren jeweiligen Problemen zu befreien.

Der Verfasser des seltsamen und bizarren Märchens, Frank Baum (1856–1919), wurde in Chittenago im Staate New York geboren. Er arbeitete als Journalist und Dramatiker, Produzent, Schauspieler, Verkäufer und Vertreter. Sein erstes Kinderbuch, MOTHER GOOSE IN PROSE, wurde 1897 mit Illustrationen von Maxwell Parrish veröffentlicht. Darauf folgte bald FATHER GOOSE, HIS BOOK, das von William Wallace Denslow illustriert wurde. Der Erfolg ermutigte den Verfasser, einen märchenhaften Roman für Kinder zu schreiben, der auf Gute-Nacht-

Geschichten beruhte, die er seinen vier Kindern erzählt hatte. Daraus wurde der Klassiker DER ZAUBERER VON OZ, der im Jahr 1900 mit Illustrationen von W. Denslow herauskam.

Man kann es als das erste authentische Märchen Amerikas bezeichnen. In seiner Einleitung zur Originalausgabe legte Frank Baum seine Absicht dar, ein Märchen für das 20. Jahrhundert zu schreiben, das vornehmlich Kindern gefallen sollte. Er sagt dort:

„Die geflügelten Feen der Brüder Grimm und Andersens haben kindliche Herzen glücklicher als alle anderen menschlichen Erfindungen gemacht. Doch das Märchen aus alten Zeiten, das Generationen bewahrten, kann heute als 'historisch' in der Bücherei der Kinder eingestuft werden, denn es ist die Zeit für eine Reihe von neueren 'Wundergeschichten' gekommen, in denen es den klischeehaften Geist, den Zwerg und die Fee nicht mehr gibt, ebenso wenig wie die schreckliche und grausige Begebenheit, die von ihren Autoren erfunden wurde, um die Aufmerksamkeit auf die furchteinflößende Moral in jeder Geschichte zu lenken. Moderne Erziehung ist moralisch. Deshalb sucht das Kind von heute nur die Unterhaltung in den Wundergeschichten und entzieht sich fröhlich dem unangenehmen Ereignis. Dies vor Augen, wurde die Geschichte vom wunderbaren Zauberer von Oz ausschließlich zum Vergnügen der Kinder von heute geschrieben. Sie will ein modernisiertes Märchen sein, in dem das Wunder und das Vergnügen erhalten und der Kummer und die Alpträume ausgespart sind."[70]

Besser ließe sich das Anliegen des Märchens gar nicht ausdrücken. Die abstoßende Gewalt, die uns etwa in den Grimm'schen Haus- und Kindermärchen so krass in die Augen tritt, scheint einer Pädagogik zu entsprin-

gen, die auf dem obersten Grundsatz der Fruchteinflö-
ßung beruht. Und es scheint, dass Frank Baum im Jahre
1900 schon recht „moderne" Ansichten über Pädagogik
gehabt haben muss. Er wollte die Elemente der Dro-
hung und der Angstmacherei aus einem modernen
Märchen eliminiert wissen.

Jedes echte Märchen besitzt eine esoterische Dimension, indem es in Symbolbildern Geschehnisse der über-
sinnlichen Welt aufzeigt. Das in jedem Märchen vor-
kommende Suchen und Finden, zuletzt das alles über-
gipfelnde Erlösungsmotiv hat eindeutig spirituellen
Charakter. Aber darüber hinaus steht fest, dass Frank
Baum in einem ganz besonderen Verhältnis zur Theosophie gestanden haben muss.

Wie John Algeo, Professor für Anglistik an der Universität von Georgia, in einem Artikel nachgewiesen
hat, hatte Frank Baum durch seine Schwiegermutter
Matilda Joslin Gage zur Theosophie gefunden. Frau Gage, die im März 1885 Mitglied in der Theosophischen
Gesellschaft wurde, stand an führender Stelle in der
amerikanischen Frauenbewegung, deren Präsidentin sie
später wurde. Im Jahre 1892 war Frank Baum der Theosophischen Gesellschaft beigetreten. Schon zwei Jahre
vorher hatte er in der Erstausgabe der Zeitschrift *Aber-
deen Saturday Pioneer*, deren Chefredakteur er war, seine
Leser in die Gedankengänge der Theosophie eingeführt.
Darum sagt John Algeo über das Hauptwerk von Frank
Baum, es sei „getränkt von theosophischem Gedanken-
gut", und Sylvia Cranston sagt in ihrer berühmten Bla-
vatsky-Biographie über den Zauberer von Oz: „Tatsächlich darf diese Zaubergeschichte als theosophische Allegorie aufgefasst werden..."[71]

Wie in jedem Märchen, so steht auch in DER ZAUBE-
RER VON OZ das Motiv des Suchens und Findens im

Mittelpunkt. Dorothy wurde von einem Wirbelsturm in das seltsame Land Oz verschlagen, und sie möchte unbedingt wieder zurück nach Kansas. Deshalb will sie den berühmten Zauberer von Oz aufsuchen, der in der Smaragdenen Stadt residiert. Diese gilt es also zu finden. Bei dieser Suche gewinnt das Mädchen Gefährten, die ebenfalls die Hilfe des Zauberers benötigen, sodass sich eine Gefährtenschaft der Suchenden bildet. Ähnlich wie wir in J. R. R. Tolkiens Der Herr der Ringe eine Gemeinschaft haben, die nach dem Ring der Macht sucht, gebildet aus Menschen, Zwergen, Elben und Hobbits, so setzt sich auch hier die Gruppe aus recht unterschiedlichen Figuren zusammen. Die Suchenden sind: 1. ein feiger Löwe, der sich Mut wünscht; 2. eine Vogelscheuche, die sich Verstand wünscht; 3. ein metallener Holzfäller, der sich Herz wünscht; und 4. Dorothy selbst und ihr Hund Toto. Und so drücken die Suchenden ihre Wünsche aus:

„'Ich bin unterwegs zum großen Oz, um ihn zu bitten, dass er mir Verstand gibt', sagte die Vogelscheuche. 'Du musst wissen, mein Kopf ist nur mit Stroh gefüllt.' 'Und ich will zu Oz, damit er mir ein neues Herz verschafft', erklärte der Holzfäller. 'Und ich hätte gern, dass er mich und Toto nach Kansas zurückbringt', fügte Dorothy hinzu. 'Meint ihr, dass Oz mich mutig machen kann?' fragte der Löwe. 'Wenn er mir zu Klugheit verhelfen kann, dann wird er dich auch mutig machen können', sagte die Vogelscheuche. 'Oder mir ein neues Herz geben', sagte der Holzfäller. 'Oder mich zurück nach Kansas schicken können', sagte Dorothy. 'Dann', sagte der Löwe entschlossen, 'gehe ich mit euch mit, wenn ihr nichts dagegen habt. Es ist für mich unerträglich, nicht wenigstens ein bisschen mutig zu sein.' "[72]

Und damit ist die Gemeinschaft der Suchenden geschmiedet. Und der Hund Toto? Hat er einen Wunsch? Nein, er ist ein ganz gewöhnlicher Hund, der je nach Stimmung wütend bellt oder mit dem Schwanz wedelt, aber er gehört nicht zu jenen sprechenden Tieren, die in esoterischen Kunstmärchen zuweilen vorkommen. Es bleibt also dabei: es gibt vier Gefährten und dementsprechend vier Wünsche. Aber was sind das für Wünsche? Betrachten wir sie einmal näher, so werden wir sehen, dass sie eine Hierarchie bilden, eine Stufenfolge, denn sie sind Errungenschaften der materiell verkörperten Geistseelen. Sie stellen als Eigenschaften auch evolutionäre Stufen dar. Es wünscht sich nämlich der Löwe – *Mut* (Wollen); die Vogelscheuche – *Verstand* (Denken); der Holzfäller – *Herz* (Intuition).

Dorothy aber will zurück nach Hause – in die Geistige Welt. Sie wünscht sich also das *höhere Selbst*. Der Hund Toto, der gar keinen Wunsch hat, steht symbolisch für den physischen Körper. Somit sind alle höheren Wesensglieder des Menschen in dem Märchen vorhanden: Wollen, Denken, Intuition, das höhere Selbst; sie haben sich dort zu handelnden Figuren verselbständigt, sodass die ganze Geschichte in der Tat eine theosophische Allegorie ist, ein Sinnbild für den Werdegang des Menschen aus übersinnlicher Sicht.

Der Weg Dorothy's ist in der Tat der Menschen-Weg überhaupt. Wir alle sind aus unserer Urheimat, der höheren Welt im geistigen Licht, in ein anderes Land verschlagen worden, aus dessen Banden wir uns befreien wollen. *Heimkehr* ist der Grund-Sinn jedes esoterischen Weges. Wir sind allzumal Wanderer auf dem Pfad der Welt-Evolution, vorangetrieben durch die Sehnsucht nach Rückkehr zum Ursprung. Wanderer sind wir, Irrende – wie Odysseus auf dem gefahrvollen

Heimweg nach Ithaka. Erst dann, wenn wir das rettende Ufer des Nirwana betreten haben, wird unsere Pilgerschaft beendet sein. Auf dem Weg zur Smaragdenen Stadt, wo der Zauberer von Oz residiert, muss die Gemeinschaft der Suchenden allerlei Hindernisse überwinden: tiefe Gräben gilt es zu durchqueren, reißende Ströme zu überbrücken, zuletzt das tödliche Mohnfeld zu durchschreiten. Mit all dem sind die Gefahren angedeutet, denen der Adept, der Einzuweihende auf seinem Prüfungsweg gegenüberzutreten hat. Die ganze Zeit über bewegt sich die Gruppe auf der Astralebene. Dass die Durchquerung astraler Landschaften immer eine gefahrvolle Reise ist, weiß jeder, der auf diesem Gebiet Erfahrung besitzt. Zuletzt aber gelingt es der Gruppe der Suchenden, in die grün schimmernde Smaragdstadt eingelassen zu werden und eine Audienz beim großen Zauberer zu bekommen.

Der Zauberer von Oz erweist sich zunächst, wie alle großen Magier, als ein Meister in der Kunst des Gestaltenwandels. Dann aber kommt die Enttäuschung: die Erfüllung der Wünsche wird von der Besiegung der bösen Westhexe abhängig gemacht. Also noch einmal eine Prüfung! Dass der Kampf von Gut gegen Böse ein altes und immer wiederkehrendes Märchenmotiv ist, das auf die einstigen Kämpfe der beiden Magiergilden von Atlantis zurückgeht, die Söhne des Lichts und die der Finsternis, braucht hier wohl nicht eigens erwähnt zu werden. Nun gut – die böse Westhexe wird besiegt, wie dies geschieht, steht hier im Moment nicht zur Debatte. Doch dann kommt die zweite Enttäuschung: der Zauberer von Oz kann die an ihn gerichteten Wünsche gar nicht erfüllen, zumindest nicht den Hauptwunsch; er erweist sich als ein großer Schwindler und Betrüger. Von Beruf ist er eigentlich Bauchredner.

Allerdings zeigt er sich in der Lage, dem Löwen *Mut*, der Vogelscheuche *Verstand* und dem Holzfäller ein *Herz* zu geben. Nur Dorothy kann er nicht den Weg zurück nach Kansas zeigen. Um nicht als Schwindler entlarvt zu werden, besteigt er schnell einen Fesselballon und macht sich auf und davon: „'Lebe wohl!' schrieen die Leute. Aller Augen waren nach oben gerichtet. Der Zauberer in seiner Gondel stieg immer schneller zum Himmel. Und das war die letzte Begegnung der Menschen mit Oz, dem wunderbaren Zauberer."[73] Die mit Verstand ausgestattete Vogelscheuche übernimmt inzwischen die Herrschaft in der Smaragdenen Stadt, und es wird noch nicht einmal bemerkt, dass sie ja nur eine ausgestopfte Vogelscheuche ist.

Wir wollen nun kurz andeuten, wie das Märchen endet. Der Löwe, mutig geworden, wird zum König der Tiere erwählt. Der Holzfäller, der ein Herz bekommen hat, wird im Westland zum König der Winkies erhoben. Die Vogelscheuche, die sich nunmehr eines scharfen Verstandes erfreut, bleibt nach wie vor Herrscherin über die Smaragdene Stadt. Sie bleiben also alle drei auf der Astralebene. Dorothy jedoch macht die Bekanntschaft mit Glinda, der guten Südhexe, die ihr hilft, ins gelobte Land Kansas zurückzukehren. Und das kann sie auch. Denn Glinda ist eine echte Weiße Magierin. Sie wird folgendermaßen beschrieben: „Glinda saß auf einem Thron von funkelnden Rubinen. Sie sah nicht nur hinreißend aus, sondern hatte auch junge Augen. Das dunkelrote Haar fiel in fließenden Locken über ihre Schultern. Sie trug ein lilienweißes Kleid, doch ihre Augen waren blau wie das Meer. Sie schaute das Mädchen freundlich an. 'Was kann ich für dich tun, mein Kind?' "[74]

Es ist auch interessant zu erfahren, wie Dorothy nach Kansas kommt. Die silbernen Schuhe, die sie die ganze Zeit an den Füßen hatte, tragen sie in Windeseile dorthin. Dorothy hätte jederzeit von diesen Zauberschuhen Gebrauch machen können. Aber sie wusste nicht von der Wunderkraft der Schuhe, und so suchte sie die ganze Zeit nach einem Ausweg zu einem Problem, dessen Lösung sie bereits besaß. Auch darin liegt eine tiefere esoterische Wahrheit verborgen. Wir alle besitzen das Vermögen, jederzeit in das ewige Geistesreich einzutreten, nur machen wir keinen Gebrauch davon, weil wir von diesem Vermögen nichts wissen. So dauert unsere Suche weiterhin an, und wir ahnen nicht, dass die Lösung in uns selbst liegt. Wir brauchen nicht länger suchen, denn wir haben bereits gefunden. Wir tragen den Heiligen Gral, das Atman, das Geistesselbst in uns, und damit besitzen wir mehr als alle Schätze dieser Welt. Sobald wir dies auch *wissen*, sind wir *erlöst*. Vielleicht ist das die tiefere Botschaft, die uns das Märchen DER ZAUBERER VON OZ vermitteln will.

Tolkiens Mittelerde

M*ittelerde*, hergeleitet vom altnordischen *Midgard* – mit diesem Wort bezeichnete der große Mythenschöpfer J. R. R. Tolkien das von ihm erfundene Universum, eine „sekundäre Welt", wie er einmal sagte, die man im Geist betreten könne und die als ganz und gar wirklich erscheint, solange man sich darin aufhält. Von dieser mythischen Parallel-Welt Mittelerde werden in Tolkiens Werk und in den zahlreichen davon inspirierten Bildern, Postern, Kunstwerken, Gemälden und nicht zuletzt in der weltberühmten Verfilmung Bilder von unvergleichlicher Plastizität und Anschaulichkeit vermittelt. Wir alle kennen das Auenland der Hobbits, die Reiche Gondor und Mordor, das schroffe Nebelgebirge und die Eisenberge im Norden, die Zauberwälder Fangorn und Lothlorien, den großen Düsterwald im Osten und die einsamen Ebenen von Rohan. Wir kennen sie, weil wir sie selbst in innerer Schau gesehen haben, als wir die Werke Tolkiens lasen; sie standen vor unserem inneren Auge und blieben lebendig, solange wir darin verweilten. Auf Landkarten, Zeichnungen und Abbildungen konnten wir den Weg Frodos verfolgen, den er mit seinen Gefährten nahm, um seine Mission – den *Ring der Macht* zu vernichten – zu erfüllen.

Wo liegt eigentlich Mittelerde? Möglicherweise in uns selbst; es handelt sich um einen kollektiven Mythos von unglaublicher Lebenskraft. Selbst die Zauberländer der Edda-Gesänge und der keltischen Mythologie nehmen sich blass aus neben den farbenprächtigen, wenngleich meist düsteren Visionen der Mittelerde-Landschaften, bedrohlich und majestätisch zugleich. Mit-

telerde hat etwas von Island, Irland, aber auch vom nördlichen Europa während der Tertiärzeit oder einer der letzten Eiszeiten. Sehr alte stammesgeschichtliche Erinnerungen der Menschheit, die möglicherweise in sehr frühe erdgeschichtliche Perioden zurückgehen, scheinen mit dem Profil von Mittelerde verbunden zu sein. Davon abgesehen ist die Mittelerde geographisch, wie Mellie Uyldert in ihrer Deutung bemerkt, sehr deutlich als „das europäische Festland, als nördliches, mittleres und südliches Reich, zu erkennen"[75].

Das liebliche Land Ithilien erinnert an Italien, das Auenland der Hobbits an „merry old England", freilich ein England, das von der Masse des europäischen Kontinents noch nicht abgetrennt ist; das riesige Nebelgebirge, das den ganzen Subkontinent in eine westliche und eine östliche Hälfte trennt, könnte man mit dem Ural vergleichen; und das im Westen liegende große Meer könnte der Atlantische Ozean sein. Mittelerde ist

Europa, aber eine sehr archaische Form Europas. „Professor Tolkien erzählt uns, dass das Auenland wie auch die anderen westlichen Lande, die es umgeben, das nordwestliche Europa repräsentieren", heißt es in dem Buch TOLKIENS UNIVERSUM von Lin Carter[76].

Aber offensichtlich ist schon in den 50er Jahren das Missverständnis aufgekommen, dass „Mittelerde" ein anderer Planet sei. Demgegenüber musste Tolkien in Briefen aus dieser Zeit klarstellen: „Mittelerde ist kein Phantasiename; es ist die moderne Form von Midden-Erd / Middel-Erd, eine alte Bezeichnung für die Oikumene, den Wohnort der Menschen, die objektiv reale Welt im Gegensatz zu Phantasiewelten (wie dem Feenland) oder unsichtbaren Welten (wie Himmel und Hölle)."[77] Tolkiens Mittelerde ist demnach kein fremder Planet, sondern diese unsere Erde, wenngleich in einer anderen, uns nicht mehr zugänglichen Zeitperiode. Zehn Jahre später konnte der Verfasser des Ring-Epos seine geographischen Vorstellungen gegenüber einem Journalisten noch mehr präzisieren: „Die Geschichte spielt im Nordwesten von Mittelerde, was der geographischen Breite der Küste Europas und des nördlichen Mittelmeers entspricht .... Wenn Hobbingen und Bruchtal (wie beabsichtigt) etwa auf der Höhe von Oxford liegen, dann liegt Minas Tirith etwa 600 Meilen südlicher, also auf der Höhe von Florenz. Die Mündung des Anduin und die alte Stadt Pelargir liegen etwa auf der Höhe des alten Troja."[78]

Der Begriff „*Mittelerde*" als Bezeichnung für die von Menschen bewohnte Welt war nicht nur im Altangelsächsischen, sondern auch in der englischen Literatur bis ins Mittelalter hinein durchaus geläufig. Er taucht beispielsweise in der berühmten, aus dem 12. Jahrhundert stammenden Ballade von *Tom the Rhymer* auf. Doch

Tolkiens eigentliche Quelle ist ohne allen Zweifel das *Midgard* (altnord. *Midhgardhr*) der Edda. Es bedeutet den mittleren, eingefriedeten Raum, das Gehege der Mitte als der dem Menschen vorbehaltene Ort, zwischen der Unterwelt und dem Götterhimmel gelegen. Denn wie die Inder, Perser und Griechen kannten auch die alten Germanen eine Dreiteilung des Universums, eine Aufteilung in Himmel, Erde und Unterwelt. Das Reich Midgard steht dabei für die Erde, die nach dem altnordischen Schöpfungsmythos aus dem Körper des Urriesen Ymir gebildet wurde. „Aus Ymirs Fleisch ward die Erde geschaffen", so lesen wir in der von Snorri Sturlusson überlieferten Lieder-Edda.

Dass Midgard aus dem Wimpern des Riesen erschaffen wurde, deutet auf eine schützende Umzäunung, vielleicht auf einen die Erdscheibe umlaufenden Waldgürtel hin. Im Übrigen dachten sich die alten Germanen, wie andere antike Völker auch, die Erde als eine flache, mitten im Weltozean schwimmende Scheibe, überwölbt nur vom Himmel mit seinen mächtigen Wolkengebilden und seinem nächtlichen Sternengefunkel. Midgard wäre, da allerwärts vom Meer umgeben, als eine Insel zu denken, kreisrund und mit dem heiligen Weltenbaum Yggdrasil in der Mitte, eine Art nordisches Atlantis oder eine mythische Vision von Pangäa, dem Urkontinent. Im Gegensatz zum Okeanos, dem Weltmeer, ist Midgard das Binnenland, Hinterland oder Inland, zugleich auch Menschenland, und die Bezeichnung für diese bewohnte Erde lautet in allen germanischen Sprachen gleich: gotisch *midjungards*, althochdeutsch *mittil-mittingard*, altsächsisch *middilgard*, altangelsächsisch *middangeard*.

Es besteht kein Zweifel: Tolkiens „Mittelerde" geht auf germanische und altnordische Quellen zurück. Betrachten wir die zahlreichen Karten von Mittelerde, so sehen wir, dass Tolkiens Welt dem altnordischen Midgard gar nicht so unähnlich sieht – es ist nämlich ebenfalls ein großer Inselkontinent, rings von Meer umgeben, deutlich erkennbar als eine sehr frühe Form Eurasiens, im Süden noch mit Afrika unmittelbar zusammenhängend. Denn ein Mittelmeer, das Europa und Afrika voneinander trennt, gab es noch nicht, und die Britischen Inseln sind vom europäischen Festland noch nicht abgesondert. So ungefähr mag die Erde während des Tertiärzeitalters ausgesehen haben, jener erdgeschichtlichen Periode, die sich vom Verschwinden der Dinosaurier vor 60 Millionen Jahren bis ins Pleistozän mit seinen vier großen Eiszeiten erstreckt.

In seinem großen, sich über drei Zeitalter erstreckenden Schöpfungsmythos erklärt Tolkien, dass der Urkontinent Mittelerde (Eurasien) bis auf die ältesten Tage des Planeten Arda (die Erde) zurückgeht. Damals gab es nur drei große Kontinente: einen im Westen, Valinor genannt, aus dem später die Unsterblichen Lande wurden, einen im Osten, der nicht näher bezeichnet wird, und Mittelerde dazwischen. In dem großen Meer Belegaer, das sich zwischen Mittelerde und dem Paradies des Westens ausdehnte, wurde später, im Zweiten Zeitalter, die Insel *Numenor* geschaffen – Tolkiens Version von *Atlantis*. Mit dem Untergang Numenors am Ende des Zweiten Zeitalters wurden die Unsterblichen Lande der Sphäre der Welt entrückt; Mittelerde aber blieb und veränderte im Laufe der Jahrtausende seine Gestalt, bis es schließlich zum heutigen Europa, Afrika, Asien und Australien wurde. "Mittelerde" meint also eine mythische Zeit, eine Vergangenheit vor jeder bekannten Vergangenheit. Nicht von einer anderen Welt, nicht von einem fremden Planeten ist die

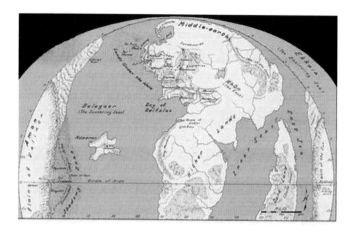

Rede, sondern von einer Art Parallel-Vergangenheit, einer „imaginären Zeit", wie Tolkien es einmal nannte. So konnte er in einem Brief zusammenfassend feststellen: „Ich habe, wie ich vermute, eine imaginäre Zeit geschaffen, bin aber mit den Beinen auf meiner Mutter Erde geblieben."[79]

Mittelerde ist ohne allen Zweifel eine mythische Welt – ein Parallel-Universum, eine Märchenwelt. Die ausgedehnten Länder Mittelerdes sind Wohnstatt ganzer Völker von Menschen, Elben, Zwergen, Zauberern und Hobbits, aber auch bedrohlicher Wesen wie Orks, Bergtrollen, Balrogs, Drachen, Wargen und dem Bösen verfallenen Menschen. Es erhebt sich nun die Frage, ob man die Bilder Mittelerdes – die Landschaft und ihre Bewohner – als „Archetypen" deutet oder ob man sogar mehr als nur dies darin sieht.

Vielleicht hat J. R. R. Tolkien mit seinem Monumentalwerk die Bilder einer längst verflossenen Evolutionsperiode der Menschheit aufleben lassen, die später als das „Goldene Zeitalter" bezeichnet wurde. In dieser Zeitperiode war die Menschheit im Begriff, sich stärker, tiefer in die materielle Erdenwelt hinein zu inkarnieren, ohne jedoch ihren paradiesischen Urzustand ganz aus dem Blick zu verlieren. Bis in die Atlantische Zeit hinein stand die Menschheit noch in enger Kommunikation mit der Welt der Naturgeister – den Elben, Wichten, Zwergen und ähnlichen Wesen. Der Mensch verstand noch die Elbensprache, wurde von den hervorragenden Vertretern des Elbenvolkes belehrt, unterrichtet, geführt, bis die Verbindung abriss. Mit dem Untergang von Atlantis hat sich eine tiefe Kluft zwischen dem Menschen- und dem Elbengeschlecht aufgetan, die erst in einer weit in der Zukunft liegenden Evolutionsperiode wieder geschlossen werden wird. Dann werden die beiden heute noch parallel laufenden Linien der Evolution, die der Menschen und der Naturgeister, sich zu *einer* Linie vereinigen.

Die Romane von J. R. R. Tolkien DER KLEINE HOBBIT, DER HERR DER RINGE sowie DAS SILMARILLION und die anderen Schriften aus dem Nachlass vermitteln nicht nur tiefgründige esoterische Weisheit, wenngleich in märchenhaft verkleideter Form, sondern sie lassen auch in lebendiger und wirklichkeitsnaher Form uralte Menschheits-Erinnerungen wiederauferstehen. Der Urheber des Werkes, *John Ronald Royal Tolkien* (1892–1973), muss eine uralte Seele gewesen sein, hellsichtig veranlagt und voll Erinnerung an die Zauberwelten vergangener Evolutionsperioden. Möglicherweise ist die von ihm „erfundene" Elbensprache gar keine Erfindung, sondern eher ein geschautes Wissen aus dem Quell urzeitlicher Erinnerung. Sein Werk kann im besten Sinne des Wortes als Dichtung bezeichnet werden; denn alle wahre Dichtung ist geschautes Wahrbild.

Der Herr der Ringe

Drei Ringe den Elbenkönigen hoch im Licht,
Sieben den Zwergenherrschern
in ihren Hallen aus Stein,
Den Sterblichen, ewig dem Tode verfallen, neun.
Einer dem dunklen Herrn auf dem dunklen Thron
Im Lande Mordor, wo die Schatten drohn.
Ein Ring, sie zu knechten, sie alle zu finden,
Ins Dunkel zu treiben und ewig zu binden,
Im Lande Mordor, wo die Schatten drohn.[80]

Diese Verse stehen wie in Flammenschrift geschrieben über der gesamten Ring-Trilogie, und sie finden sich auch in den einen Ring der Macht eingraviert. In der Urzeit eines frühen Schöpfungsmorgens schmiedeten die Elben in jenem Land, das damals noch Eregion genannt wurde, drei Elbenringe, sieben Zwergenringe und neun Ringe für die Menschen. Den einen Ring der Macht, der die anderen beherrscht, schmiedete einst Sauron, der Dunkle Herrscher, in den Klüften des Schicksalsberges im Lande Mordor. Sauron trug diesen Ring stets an der Hand. Aber in jenem großen Krieg der Frühzeit, als die Elben mit den Menschen verbündet gegen Sauron und seine Heere stritten, war es der tapfere *Isildur*, Elendils Sohn aus dem Königreich Gondor, der in der Schlacht Sauron niederwarf, ihm den Ring von der Hand schnitt und ihn sich selbst ansteckte. Obwohl der Ring die Fähigkeit besaß, seinen Träger unsichtbar zu machen, wurde Isildur doch bald ein Opfer der Orks, der von Sauron ausgesendeten Dämonenscharen, die ihn töteten; der Ring ging dabei aber verloren. Seitdem wurde er *„Isildurs Fluch"* genannt.

125

All dies geschah während des Ersten Zeitalters von Mittelerde. Der Ring war auf den Grund eines unterirdischen Sees gefallen, wo er äonenlang ruhte. Zufällig wurde er eines Tages beim Angeln gefunden und gelangte durch Mord in die Hände *Gollums*, eines recht widerwärtigen Geschöpfs, das sich vorzugsweise in trüben Gewässern aufhielt. Lange blieb der Ring im Besitz Gollums, ohne dass jemand etwas davon wusste oder ahnte. In dem Buch DER KLEINE HOBBIT (1937) wird nun geschildert, wie der Hobbit *Bilbo Beutlin* dem in unterirdischen feuchten Gemächern lebenden Gollum den Ring abnimmt, indem er ihn in einem Rätselwettstreit besiegt. Nun ist der Ring wieder ans Tageslicht gelangt, das Zweite Zeitalter Mittelerdes ist zu Ende gegangen, denn nun kommen die Dinge wieder in Bewegung. Sauron, trotz seiner damaligen Niederlage wieder neu erstarkt, trachtet mit allen Kräften danach, den Ring wiederzugewinnen. Er würde ihm die Herrschaft über alle Völker Mittelerdes geben, ja ihn zum Weltherrscher machen.

Das Monumentalepos DER HERR DER RINGE (1954–55) beginnt damit, dass *Frodo Beutlin*, Bilbos Neffe, von seinem weit gereisten und hoch angesehenen Onkel den Ring erhält – aber nicht etwa, um ihn zu gebrauchen, sondern vielmehr um ihn zu vernichten; denn auf dem Ring lastet ein Fluch: er verdirbt jeden, der ihn besitzt. Es geht eine schreckliche, korrumpierende Wirkung von ihm aus; der Herr des Ringes ist in Wahrheit sein Sklave. Deshalb muss der Ring der Macht vernichtet werden. Dies geschieht nur, indem man ihn in die Feuergründe des Schicksalsberges zurückwirft, dorthin, wo er einst geschaffen wurde. Frodo Beutlin übernimmt die Aufgabe, den Ring an seinen Ursprungsort zurückzubringen und ihn dort zu vernichten, wobei eine kleine

Gemeinschaft aus Hobbits, Elben, Zwergen und Menschen – insgesamt neun Personen – ihn bei dieser gefahrvollen Mission begleitet. Und es steht viel auf dem Spiel: denn Sauron und die mit ihm Verbündeten streben naturgemäß danach, Frodos Werk am Gelingen zu behindern, da sie sich ja selbst in den Besitz des Ringes setzen wollen.

Man sieht hier schon, worin ein Grundmotiv der Ringerzählung liegt: im immerwährenden *Kampf von Gut und Böse*. Es ist das Motiv der Polarität, das Urmotiv aller Märchen. Diese Bipolarität kommt auch in der Geographie von Mittelerde zum Ausdruck: der breite Fluss Anduin, der von den Eisregionen des hohen Nordens kommend in strikt nordsüdlicher Richtung eine eiszeitliche Endmoränenlandschaft durchfließt, teilt den ganzen Subkontinent in zwei Hälften – in eine westliche und eine östliche. In der westlichen Hälfte wohnen die freien Völker, in der östlichen die von Sauron geknechteten. Von Osten her überzieht Krieg das Land. Zu beiden Seiten des Anduin haben die Menschen des Königreichs Gondor einen Turm gebaut, auf ihrer eigenen, der westlichen Seite den *Sonnenturm*, inmitten der siebenstufigen Bergstadt *Minas Anor* – und auf der gegenüberliegenden, der östlichen Seite *Minas Ithil*, den *Mondturm*. Dazwischen lag auf einer Insel im Fluss die Stadt *Osgiliath*, die Stadt der *sieben Sterne*. Nachdem die Ringgeister aus dem Schattenreich Mordor Minas Ithil eroberten und es in eine Wirkungsstätte der schwarzen Magie verwandelten, nannte man den Mondturm nur noch *Minas Morgul*, den Turm der Zauberei. Und der Sonnenturm gegenüber hieß seitdem *Minas Tirith*, der Turm der Wacht. Östlich des Anduin erheben sich die Gipfel des Schattengebirges, hinter denen das Land Mordor liegt, westlich von ihm liegt das Weiße Gebirge und zu seinen Füßen das liebliche Land Anorien. Gondor und Mordor sind wie zwei feindliche Brüder.

Minas Tirith gegen *Minas Morgul*, der Sonnenturm gegen den Mondturm – an dieser Urspannung hängt die ganze Dramatik des Ringgeschehens. Aber der Hinweis auf den Kult der Sonne, des Mondes und der sieben Gestirne ist nicht ohne Bedeutung. Er lässt uns deutlich eine Parallele zu Atlantis erkennen. „Das Mysterienwesen der alten Atlantis", schreibt F. W. Zeylmans van Emmichhoven, „war siebenfältig. Es gab sieben Mysterien-Orakelstätten, die man, mit einer späteren Terminologie, als Mond, Merkur, Venus, Sonne, Mars, Jupiter und Saturn bezeichnen kann. Mit diesen Namen meinte man also nicht die Planeten, wie wir sie kennen, sondern es wurde auf Wirkungsgebiete geistiger Wesen hingewiesen, die unter der Herrschaft der Götter standen. Im Mittelpunkt dieser atlantischen Mysterien stand das Mysterium der Sonne."[81] Die Söhne der Sonne gegen die Söhne des Mondes – das war, esoterisch gesehen, der ganze Sinn der Kämpfe auf dem alten Kontinent Atlantis.

Gondor war in Mittelerde das eigentliche Sonnen-Königreich. Auf der höchsten Erhebung der Hauptstadt Minas Tirith stand der Weiße Baum, ein Abbild des lebendigen Baumes Nimloth, der im alten Reich *Numenor* an der entgegengesetzten Seite des westlichen Meeres – nennen wir es Atlantis – im Königsgarten gewachsen war. Ein Spross dieses Baumes wurde von den Königssöhnen aus Numenor mitgebracht, als sie mit ihren Schiffen übersetzten, um das Reich Gondor als Nachbildung ihres eigenen Reiches zu gründen. An anderen Stellen seines Werkes spricht Tolkien von dem *„Mutterland Westernis"*, aus dem einige Menschen nach Mittelerde gekommen seien – ebenfalls eine Bezeichnung für den Inselkontinent Atlantis.

Mittelerde, hatten wir gesagt, ist Nord- und Westeuropa, aber in einer mythischen Zeitperiode. Als Stammheimat der Hobbits gibt Tolkien an den „Nordwesten der Alten Welt, östlich des Meeres"[82]. Mit der Alten Welt kann nur Europa, mit dem Meer der Atlantische Ozean gemeint sein. Als die Hobbits vor Urzeiten ihre heutigen Stammsitze besiedelten, sind sie offenbar noch auf Reste versprengter Atlanter gestoßen: „In den Westlanden von Eriador zwischen dem Nebelgebirge und dem Gebirge von Lun fanden die Hobbits Menschen und auch Elben vor. Ja, es lebte hier sogar noch ein Rest der Dunedain, der Könige der Menschen, die über das Meer aus Westernis gekommen waren; aber ihre Zahl verringerte sich rasch..."[83] Die westlichen Ränder Eurasiens müssen schon früh von Atlantiern besiedelt worden sein, und das Sonnen-Königreich Gondor war offensichtlich eine ihrer Gründungen.

Der Kampf des Guten gegen das Böse, die Grundmelodie in DER HERR DER RINGE, ist ein universales Motiv: im Mythos ein Kampf der Götter gegen Dämonen, im Märchen der Kampf des Helden gegen Hexen und böse Zauberer, in der Zarathustra-Religion das Ringen des Lichtgottes Ahura Mazda gegen den Widersacher Ahriman. In der Ringgeschichte haben wir denselben Kampf widergespiegelt im Krieg des Bündnisses der westlichen Völker gegen Sauron und seine Orks. All dies sind Erinnerungen an jene gewaltigen Kämpfe, die einst in der Atlantischen Periode zwischen den beiden großen Magiergilden dieser Zeit ausgetragen wurden, den Kindern des Lichts und denen der Finsternis. H. P. Blavatsky berichtet uns davon: „Die Lemurier, und auch die frühen Atlantier, waren in zwei getrennte

Klassen geteilt – die 'Söhne der Nacht' oder Finsternis, und die 'Söhne der Sonne' oder des Lichts. Die alten Bücher erzählen uns von schrecklichen Schlachten zwischen den beiden..."[84] So handelt auch der Große Ringkrieg in Tolkiens Erzählung von diesen alten atlantischen Kämpfen. Sauron erscheint als der Urtypus des Schwarzmagiers, geradezu eine Verkörperung Ahrimans. Gegen eine aktuell-politische Deutung der Geschichte – DER HERR DER RINGE ist während des Zweiten Weltkrieges entstanden – hat sich Tolkien im Vorwort zu Teil 1 selbst ausdrücklich verwehrt: Mordor soll nicht ein Metapher für Nazi-Deutschland, Sauron keines für Adolf Hitler sein.

DER HERR DER RINGE spielt am Ende des Dritten Zeitalters von Mittelerde, in einer Zeit, die – wie unsere gegenwärtige – im Umbruch begriffen war. Alles Althergebrachte löst sich auf; nichts ist mehr so, wie es war. Mit größtem Tempo vollziehen sich Veränderungen, und die verschiedenen Teile von Mittelerde entwickeln sich im Angesicht der drohenden Gefahr in unterschiedlicher Weise; einzelne Länder sind der Macht Saurons bereits völlig verfallen, wie Angmar, Mordor, Minas Morgul und Saruman, der Zauberer von Isengard; andere sind rein geblieben, wie das Auenland, Lothlorien und Rivendell; wieder andere werden geschwächt oder erweisen sich als wankelmütig. Von allen Völkern Mittelerdes sind die Menschen am wenigsten in der Lage, Versuchungen zu widerstehen. Mit den Elbenreichen *Lothlorien* und *Rivendell* sind jedoch Enklaven in Mittelerde gegeben, in denen sich die Erinnerung an den ursprünglichen paradiesischen Zustand noch rein gehalten hat. Elbenkönige wie Gilgalad, der schon im Ersten Ringkrieg mit Elendil gegen Sauron kämpfte, bilden ein Bollwerk des Lichts und des Guten;

denn die Elben sind weniger verstofflicht und stehen dem göttlichen Licht näher als die anderen Völker.

J. R. R. Tolkien hat mit DER HERR DER RINGE auch ein Tor aufgetan zum Elbenreich, das vorher verschlossen war. Konnte es sein, dass auch in seinen Adern ein wenig Elbenblut floss, wie man so schön sagt? Kein Zweifel besteht, dass er die Elben nicht so auffasste, wie die „Elfen" in den späteren Volksmärchen dargestellt werden, als kleine koboldartige Wesen oder liebliche weibliche Geister. Er sieht in dem Elbenvolk vielmehr die „Erstgeborenen" der Schöpfung und das „Ältere Volk", die idealen Vorfahren der Menschen. Mit Elronds Haus in Bruchtal hat Tolkien ein Elbenparadies geschildert, in dem die Reinheit früherer Schöpfungstage deutlich zum Ausdruck kommt. Einen dortigen Elbenritter beschreibt er folgendermaßen: „Glorfindel war von hohem Wuchs und schlank; sein Haar war schimmerndes Gold, sein Gesicht schön und jung und furchtlos und voller Frohsinn; seine Augen waren klar und scharf, und seine Stimme wie Musik; seine Stirn verhieß Weisheit und seine Hand Kraft. Elronds Gesicht war zeitlos – weder alt noch jung, obwohl die Erinnerung an viele Dinge, freudige und gramvolle, ihm auf der Stirn geschrieben stand. Sein Haar war dunkel wie der Schatten der Dämmerung, und er trug darauf ein silbernes Diadem; seine Augen waren grau wie ein klarer Abend, und ein Licht leuchtete in ihnen wie Sternenlicht. Verehrungswürdig erschien er wie ein König, der viele Winter erlebt hat, und doch rüstig wie ein kampferfahrener Krieger in der Fülle seiner Kraft. Er war der Herr von Bruchtal und mächtig unter Elben und Menschen."[85]

Millionen von Lesern in aller Welt haben diese Tolkien-Elben achten und schätzen gelernt – keine possierlichen Elfchen wie aus den Kinderbüchern, sondern ein urzeitliches Geschlecht voller Kraft und Weisheit. Mit *Galadriel*, der Königin der Waldelben im Reiche *Lothlorien*, hat Tolkien eine echte Seherin vor unser Auge gestellt. Mit „Galadriels Spiegel", einer mit Wasser übergossenen Kristallkugel, schaut sie in die Akasha-Chronik, das Weltgedächtnis im Äther, und erlangt auf diese Weise prophetisches Wissen. Sie stellt tiefenpsychologisch gesehen den höchsten Archetypus weiblicher Weisheit dar, den Sophia-Archetyp, verkörpert durch Dantes Beatrice oder Sulamith. Und als es galt, von Galadriel Abschied zu nehmen, da sang sie den Aufbrechenden ein Lied in Elbenworten hinterher. „Dann schien es Frodo, als habe sie ihre Arme zu einem letzten Abschiedsgruß erhoben, und fern, doch ganz deutlich trug der Wind den Klang ihrer Stimme herüber, als sie sang. Doch jetzt sang sie in der alten Sprache der Elben jenseits der See, und er verstand die Worte nicht: schön war die Musik, aber sie tröstete ihn nicht. Indes blieben sie, wie es die Art von Elbenworten ist, in seinem Gedächtnis haften."[86]

Für ein Verständnis des Tolkienschen Werkes ist es wichtig zu wissen, dass sein Verfasser auch Sprachwissenschaftler war; er hat es gegenüber seinem amerikanischen Verleger einmal scherzhaft als „ein Stück angewandter Philologie" bezeichnet. In einem Brief vom März 1955, kurz vor Erscheinen des dritten Bandes von DER HERR DER RINGE, nannte er dieses Werk eine „Geschichte, die auf ausgiebigen und detaillierten Vorarbeiten zur Geographie, Chronologie und Sprache" beruht. Immer wieder erstaunt ja die Genauigkeit seiner Fiktion, die in unzähligen Karten, Geschichtstafeln, Geschlechterfolgen, Lexika und Sprachstudien zum Ausdruck kommt. Tolkien hat eine komplette Elbensprache entwickelt und die dazu gehörige Elbenschrift, *Tengwar* genannt, sowie die Zwergenrunen, die unter dem Namen *Angerthas* bekannt sind. Aber handelt es sich wirklich nur um Fiktionen? Oder schöpft Tolkien aus den Urerinnerungen an ein längst vergangenes „Goldenes Zeitalter", in dem Elben und Menschen noch einander verstehen konnten? Wenn man den Gedanken gelten lässt, dass es Elben als feinstoffliche Naturgeister tatsächlich gibt, dann mag man Tolkiens Vision vielleicht realistischer bewerten.

Auch muss in Betracht gezogen werden, dass Tolkien beruflich als Professor für germanische Philologie an der Universität Oxfort wirkte. Wie seine Arbeit über BEOWULF (1936), seine Vorlesung zum Thema WORIN LIEGT DIE MACHT DER MYTHOLOGIE? und sein Essay ÜBER MÄRCHEN (1938-39) beweisen, besaß er umfassende Kenntnisse in Mythologie und Folklore. Diese konnten in sein dichterisch-schriftstellerisches Werk in vollem Umfang einfließen, und so nimmt es nicht wunder, dass DER HERR DER RINGE und die anderen Epen allesamt nordischen Zauber an sich tragen und geradezu durchtränkt sind von neugermanischer Romantik. Einige typisch germanische Bilder im Werk Tolkiens seien hier nur kurz genannt: das Wort „Mittelerde" entspricht ganz dem Eddischen *Midgard* (die von Menschen bewohnte Welt); der Name *Frodo* erinnert sehr an den *Frodi* aus dem „Mühlenlied" der Edda; der auf dem Goldhort liegende Drache, bei Tolkien heißt er *Smaug* (DER KLEINE HOBBIT, Kap. 12), ist ebenfalls eddisch und kommt im Drachenhortlied sowie in der Sigurd- und Siegfriedsage vor; Beorn, der sich nachts in einen Bären verwandelt, findet sein Vorbild im nordischen Berserkertum. Die Zwerge und Elben schließlich sind rein nordisch und wirken noch in den deutschen Volksmärchen nach.

Zu den universalen, immer im Menschen vorhandenen Wünschen rechnet Tolkien: „Mit anderen Lebewesen in Verbindung zu treten ... Auszuloten die Tiefe von Raum und Zeit ... Einzutauchen in alte Sprachen, archaische Lebensformen und vor allem in Wälder."[87] Den Wäldern kommt in Tolkiens Welt in der Tat eine Schlüsselposition zu. In ihnen verkörpert sich wahrhaft Archetypisches. Ob wir den Wald von *Lothlorien* nehmen mit seinen nie welkenden, grüngoldenen Mallornbäumen, ob wir den *Alten Wald* nehmen, in dem Tom Bombadil herumspukt, den großen *Düsterwald* im Norden oder den Zauberwald *Fangorn* im Süden, zu Füßen des Nebelgebirges – der Wald Tolkiens ist immer Märchenwald, und zwar in Reinform, bewohnt von märchenhaften Wesen. Solche Märchenwälder haben kaum etwas zu tun mit den Wäldern, die wir heute kennen und mit unseren äußeren Sinnen wahrnehmen können. Nein, der Märchenwald der Urzeit liegt tief im Inneren unserer Seele, unseres kollektiven Gedächtnisses.

Zu den seltsamsten und unheimlichsten Waldbewohnern gehören die im Wald von *Fangorn* lebenden *Ents*. Der Name mag eine Erfindung von Tolkien sein, die Wesen selber nicht, denn die Ents sind nichts anderes als riesige Baum-Dryaden, Baumgeister, wie sie in den Mythologien aller europäischen Völker vorkommen. Tolkien hat diesen Dryaden wieder neue Lebenskraft verliehen, hat sie auferstehen lassen, denn allen Tolkien-Lesern stehen sie lebendig vor der Seele. Die Ents sind äußerlich gesehen Wesen halb Mensch halb Baum – Bäume mit menschlichem Antlitz, mit Armen und Beinen. Unvergesslich die Szene, wie eine ganze Armee von Ents gen Isengard marschiert, um die Festung des bösen Zauberers Saruman niederzuwerfen, ein

Bild aus der keltischen Mythologie, bekannt unter dem Begriff „*Die Schlacht der Bäume*".

Im zweiten Band von DER HERR DER RINGE begegnen die Hobbits dem alten Baumbart, dem obersten der Ents, „einer großen, menschenähnlichen, fast trollähnlichen Gestalt, mindestens vierzehn Fuß lang, sehr stämmig, mit einem hohen Kopf und kaum einem Hals. Ob sie in einen Stoff, der wie grüne und graue Rinde aussah, gekleidet war oder ob das ihre Haut war, war schwer zu sagen. Jedenfalls waren die Arme, ziemlich nahe am Rumpf, nicht runzelig, sondern mit einer braunen, glatten Haut bedeckt. Die großen Füße hatten je sieben Zehen. Der untere Teil des langen Gesichtes war mit einem wallenden grauen Bart bedeckt, buschig, fast zweigartig an den Wurzeln, dünn und moosig an den Enden. Aber im Augenblick bemerkten die Hobbits wenig außer den Augen. Diese tiefliegenden Augen sahen sie jetzt prüfend an, gemessen und ernst, aber sehr durchdringend. Sie waren braun, mit einem hellen Grün gesprenkelt. (....) Man hatte das Gefühl, als ob ein gewaltiger Brunnenschacht hinter ihnen lag, angefüllt mit den Erinnerungen einer unendlich langen Zeit und langem, bedächtigem, beharrlichem Denken; aber auf ihrer Oberfläche schimmerte die Gegenwart: wie Sonne, die auf den äußeren Blättern eines riesigen Baumes schimmert, oder wie das Wellengekräusel auf einem sehr tiefen See. Ich weiß nicht, aber man hatte das Gefühl, als ob etwas, das im Boden wächst – schlafend, könnte man sagen, oder sich einfach selbst als etwas zwischen Wurzelspitze und Blattspitze, zwischen tiefer Erde und Himmel Empfindendes –, plötzlich erwacht war und einen mit derselben bedächtigen Aufmerksamkeit betrachtete, die es seit endlosen Jahren seinen eigenen inneren Gedanken geschenkt hatte."[88]

DER HERR DER RINGE enthält – wie jedes echte Märchen – Überzeitliches, eine alle Zeiten überdauernde, ewig aktuelle Botschaft. Die Ring-Trilogie kündet von der Weisheit der Wälder, von der Schönheit der Elben, von der verzaubernden Macht der Natur – und von der stets korrumpierenden Wirkung des Machtstrebens. Der Ring der Macht bringt nur Unglück; darum muss er vernichtet werden. Und genau darin liegt die überzeitliche Botschaft des Ring-Märchens: das Schwache überwindet das Starke, das Wasser höhlt den Stein; die sanften Gewalten der Natur widerstehen jedem Versuch, sie zu bezwingen.

In der Gestalt Frodos begegnen wir einem Antihelden, klein und schwach, oft vom Scheitern bedroht, auf die Hilfe anderer angewiesen, dabei aber doch von fester Standhaftigkeit und einem unkorrumpierbaren Charakter. Man könnte in Frodo Beutlin einen „antifaustischen" Helden sehen, wenn man unter dem „Faustischen" das Streben nach Machterweiterung, nach Magie, nach Unterjochung der Natur versteht.

In seiner anfänglichen Naivität erinnert er ein wenig an den *Parzival* des Grals-Epos, der sich auf die Suche nach dem Gral begibt. Und wie dieser gleicht auch Frodo den Eingeweihten der alten Mysterienkulte. Der Weg, den er zu begehen hat, ist zwar zunächst ein räumlicher, quer durch Mittelerde – vom lieblichen Auenland bis zum Schicksalsberg im Lande Mordor –, doch ist er eigentlich als ein Einweihungsweg zu verstehen, dessen einzelne Stationen den stufenweisen Aufstieg zu höheren Ebenen des Bewusstseins darstellen. Auch hat Tolkien in der Gestalt Saurons eine Menschheits-Gefahr gezeichnet, die in leicht gewandelter Form heute noch besteht. Mag der Große Ringkrieg vielleicht im Atlantischen Zeitalter gespielt haben – Sauron und seine Dunklen Brüder sind auch in unserer Zeit gegenwärtig und ungebrochen in ihrem Streben nach Weltherrschaft. Mellie Uyldert führt aus: „Sauron strebt nach der Macht über alle Menschen (....). Durch seine raffinierten Methoden hat er schon einiges erreichen können. Er macht sich ganze Völker durch die *Vergiftung ihres Trinkwassers und mit dem Gift Fluor* gefügig, das den Freiheitssinn und die Selbstverantwortung im Gehirn erlahmen lässt. Er lässt umfassende Volkszählungen abhalten und allerhand Informationen verteilen, um die gesamte Weltbevölkerung mit seinen Computern zu erfassen. An Stelle von Gefängnissen gebraucht er psychiatrische Einrichtungen, um unangenehme Gegner unschädlich zu machen...."[89]

Mit den Methoden der Genmanipulation ließen sich geklonte Ork-Heere züchten, die uns heute ebenso überrennen könnten wie einstmals die freien Völker Mittelerdes. Dem können wir, so lehrt uns DER HERR DER RINGE, nichts anderes entgegensetzen als die Macht der Liebe und die Urweisheit der Natur.

Tolkiens Silmarillion

Tolkiens posthum veröffentlichtes Werk DAS SIL-
MARILLION erzählt von den Ältesten Tagen oder
dem Ersten Zeitalter der Welt – von jener fern zurückliegenden Epoche von Mittelerde, worauf die Spä-
tergeborenen, vor allem die Helden der Ringgeschichte,
in Ehrfurcht zurückblicken. Die Elben besingen sie in
ihren Liedern, doch die Erinnerungen an diese Ur-
Menschheits-Tage leben noch schemenhaft weiter; nur
Wenige, wie Elrond und Galadriel, aber auch Sauron
haben sie selbst miterlebt.

DER HERR DER RINGE berichtet die großen Ereignisse
am Ende des Dritten Zeitalters, aber die Legenden des
Silmarillion gehören einer viel früheren Vergangenheit
an – jener Zeit, als Morgoth, der erste Dunkle Herrscher,
in Mittelerde hauste und die Hochelben ihn bekriegten,
um die von ihm geraubten *Silmaril* zurück zu gewinnen,
jene Edelsteine, in denen das Licht verschlossen liegt,
das älter ist als Sonne und Mond.

Die vergessene Welt des Silmarillion – das ist die
verklärte Zeit des Mythos, die vor dem Beginn jeder
schriftlichen Überlieferung liegt und vor dem Entstehen
jeder historisch fassbaren Kultur. Sie setzt ein mit einem
Schöpfungsmythos, genannt *Ainulindale*, der von der
Entstehung unseres Planeten aus den Sphären des Lichtes und der Töne berichtet. Der neu gebildete Erdkreis
wird bewohnt von den götterähnlichen *Valar* und *Maiar*
(in der germanischen Mythologie entsprechen ihnen
wohl am ehesten die Asen und Vanen), aber auch von
Elben, Zwergen, Ents und Orks. Erst 30.000 Jahre später
erscheint die menschliche Rasse. Weitere 3.900 Jahre
vergehen, bevor die Zerstörung der an Atlantis erin-

nernden Insel *Numenor* dazu führt, dass diese mythische Welt sich allmählich zu der Welt rundet, die wir heute kennen. Die Ereignisse der weiteren 4.000 Jahre führt dann unvermeidlich zur Gegenwart des Dritten Zeitalters, in dem DER HERR DER RINGE spielt.

Will man also den Sinn der Ring-Trilogie wirklich verstehen, muss man solange in die Tiefe graben, bis man auf die vergessene Welt des Silmarillion stößt, die wie eine Urgesteinsschicht allem Späteren zugrunde liegt. Auch werkgeschichtlich gesehen ist die Silmarillion-Erzählung das Frühere – sie findet sich, wenn auch nicht immer schon unter diesem Namen, in Tolkiens ältesten, zerfledderten Notizbüchern, die zum Teil bis auf das Jahr 1917 zurückgehen. Hier finden sich, oft nur hastig hingekritzelt, die bruchstückhaften Urfassungen einer Mythologie, die Tolkien stets als Ganzes vor Augen stand und die er den bekannten Mythologien der Menschheit (etwa der keltischen, germanischen, isländischen) an die Seite stellen wollte.

Leider blieb diese Ring-Mythologie, obgleich vom Ansatz her grandios und gigantisch, doch immer ein Fragment. Tolkien hat bis zu seinem Lebensende daran gearbeitet, aus diesen in den Silmarillion-Texten verstreuten Ansätzen ein einheitliches Ganzes zu schaffen; denn sein eigentliches Streben ging dahin, für seine Zeit ein neues, völlig in sich abgeschlossenes mythologisches System zu erschaffen – einen *Mythos für das 20. Jahrhundert*. So bekennt er auch selbst: „Ich beabsichtigte, einen Korpus mehr oder weniger miteinander verbundener Legenden zu schaffen, der das Große und Kosmogonische ebenso enthalten sollte wie die romantische Märchengeschichte … ein Werk, das ich England widmen konnte, meinem Vaterland."[90]

Welche mythenschaffende Kraft in diesen Silmarllion-Fragmenten steckt, das sieht man an dem Schöpfungsmythos *Ainulindale*, was die *„Musik der Ainur"* oder *„Das Große Lied"* bedeutet. Am Anfang, als alles dunkel und leer war, gab es nur ein einziges, allwissendes Wesen, *Eru*, der Eine (Der, welcher allein ist), der von den Elben später *Iluvatar* (Vater des Alls) genannt wurde. Es wird nun geschildert, wie aus seinen ersten Gedanken das Geschlecht der Götter entstand, der *Ainur* (der „Heiligen"), und wie Iluvatar ihnen durch die Kraft seines Geistes – die Kraft der „Unverlöschlichen Flamme" – unsterbliches Leben schenkte. Für diese Götter errichtete er eine Wohnung in der Leere, die „Zeitlosen Hallen", wo er sie zu singen lehrte, und sie bildeten einen himmlischen Chor. Aus der Musik dieser göttergleichen Geister entstand nun ein „Gesicht", eine heilige Vision, die als werdende Welt in den Räumen der Leere kreiste. Tolkiens Mittelerde wurde also buchstäblich ins Dasein *gesungen* – hier könnte man sagen: *Die Welt ist Klang*. Das *Große Lied* war ein Schöpfungsakt: Aus der Verdichtung kosmischer Sphärenmusik formten sich Schwingungen, aus denen das Grundgefüge der Welt entstand. Ich zitiere aus dem *Ainulindale*:

„Und es geschah, dass Iluvatar die Ainur alle zusammenrief und sie eine gewaltige Melodie lehrte, die größere und herrlichere Dinge auftat, als er ihnen je gezeigt hatte; und der Glanz ihres Anfangs und die Pracht ihres Endes verwirrten die Ainur, so dass sie sich vor Iluvatar verneigten und still waren. Da sagte Iluvatar zu ihnen: ‚Aus dem Thema, das ich euch gewiesen, machet nun in Harmonie gemeinsam eine Große Musik'. (….) Da begannen die Stimmen der Ainur zu erschallen wie Harfen und Lauten, Flöten und Posaunen, Geigen und Orgeln, und sie machten aus Iluvatars

Thema eine große Musik; und ein Klang stieg auf von endlos ineinander spielenden Melodien, harmonisch verwoben, und verlor sich in den Höhen und Tiefen jenseits allen Gehörs, und die Räume, wo Iluvatar wohnte, quollen über, und die Musik und ihr Echo hallten hinaus in die Leere, und sie war nicht mehr leer. Nie wieder haben seither die Ainur eine Musik gleich dieser gespielt (....)."[91] Es war die Urmelodie des Seins, mit allen Höhen und Tiefen, die wie eine schöpferische Matrix in der Leere des Alls schwebte.

Doch dies war nur der erste Schritt der Kosmogonie. Die durch Musik geschaffene Welt war ja nur eine geistige Urschöpfung, das *Pleroma*, wie die Gnostiker sagen, aber noch keine voll verstofflichte Welt. Die Verstofflichung und damit der Eintritt in die Welt des Werdens und Vergehens erfolgt nun als nächster Schritt: „Unruhig waren da die Ainur; Iluvatar aber sprach zu ihnen und sagte: ,Ich kenne den Wunsch eures Geistes, was ihr gesehen, solle wahrhaftig sein, nicht nur in euren Gedanken, sondern sein wie ihr selber seid, und doch anders. Also sage ich: *Ea! Es Sei!* Und ich will die Unverlöschliche Flamme in die Leere hinaussenden, und sie wird im Herzen der Welt brennen, und die Welt soll sein; und wer von euch will, mag hinabsteigen.' Und plötzlich sahen die Ainur in der Ferne ein Licht, wie von einer Wolke mit einer Flamme im Herzen; und sie wussten, dass dies nicht nur ein Gesicht war, sondern dass Iluvatar ein Neues erschaffen hatte: Ea, die Welt, die ist. So kam es, dass manche der Ainur bei Iluvatar blieben, jenseits der Welt; andere aber, darunter manche der größten und edelsten, nahmen von Iluvatar Abschied und stiegen in die Welt hinab."[92]

Die herabgestiegenen Gotter – das sind die *inkarnierten Götter*; sie leben in der Welt, mit der Welt, und vollenden sich durch die Welt. Sie werden nun die *Valar* („Mächte der Welt") genannt. Die Inkarnation der Götter ist der nächste notwendige Schritt auf dem Weg der Kosmogonie. Hier erst, in der Inkarnation, werden diese göttlichen körperlosen Geister zu den Elementen und Kräften der Natur, aber wie die Götter der Griechen besitzen sie körperliche Gestalt, Persönlichkeit und Geschlecht, und sind miteinander verwandt.

Einige dieser Valar-Götter werden bei Tolkien auch namentlich genannt: allen voran *Manwe*, der König der Winde; dann *Varda*, die Königin der Sterne; *Ulmo*, der Herr der Meere; *Aule* der Schmied, *Yavanna* die Spenderin der Früchte, und *Orome* der Herr der Wälder. Es sind reine Naturgötter, wie sie jede heidnische Religion aufweist. Und überdies haben diese Hochgötter noch Halbgötter niederen Ranges im Gefolge, die *Maiar*, die ebenfalls personifizierte Naturgewalten sind, jedoch im Dienste der Valar.

Aus den Ainur also sind die Valar und Maiar entstanden; mehrere Göttergenerationen folgten aufeinander – hier haben wir eine richtige *Theogonie*, der von Hesiod nicht unähnlich. Dabei wird auch des Ursprungs des Bösen gedacht. Und zwar war es der satanische Geist *Melkor*, der die Schöpfungsmelodie durch dissonante Töne beständig störte. Später wurde er *Morgoth* genannt. Während in den Ersten Zeitaltern von Mittelerde die Valar damit beschäftigt waren, das Antlitz der Erde zu formen, brach bei der eigentlichen Gestaltung der Erde durch eine Schar von Maiar-Geistern, angeführt von dem mächtigen satanischen Morgoth, ein erster großer Konflikt aus. Das war der erste Krieg auf Erden, der dazu führte, dass die ursprüngliche Harmonie und Symmetrie der Welt zerrissen wurde. Obgleich Melkor schließlich verbannt wurde, blieb die Welt seitdem gezeichnet, und die Vision einer idealen Welt, wie sie in der Urschöpfung existierte, war für immer verloren. Das Böse war nun einmal in die Welt hineingekommen, und es hatte sich eine unübersehbare Heerschar von Ungeheuern, *Orks, Balrogs* und anderen Dämonen geschaffen, eine Armee der Dunkelheit, die alles daran setzte, eine Weltherrschaft des Bösen zu errichten. Damit war der Dualismus, die Grundmelodie in DER HERR DER RINGE, bereits vorgezeichnet.

Und in dieser frühen Weltstunde begegnet uns auch schon *Sauron,* der spätere Widersacher in der Ring-Erzählung, undeutlich jedoch und wie ein Schatten. Er wird als einer der Diener Morgoths genannt: „Unter denjenigen seiner Diener, die Namen haben, war jenes Wesen das größte, das die Eldar Sauron (…) nannten. Zu Anfang war er einer der Maiar Aules, und der Wissenschaft dieses Volkes blieb er mächtig. An allen Taten von Melkor (….), an seinen großen Werken und an seinem Trug, hatte Sauron teil, und nur insofern war er weniger böse denn sein Herr, als er lange einem andren und nicht sich selber diente. In späteren Jahren aber erhob er sich wie ein Schatten Morgoths und wie ein Gespenst seiner Bosheit und folgte ihm nach, den gleichen Trümmerpfad hinab in die Leere."[93]

Conan der Cimmerier

As Robert E. Howard (1906–1936) im Dezember 1932 in der Zeitschrift *Weird Tales* eine kurze phantastische Erzählung veröffentlichte, sie trug den Titel IM ZEICHEN DES PHÖNIX, da ahnte er wohl selbst noch nicht, dass er mit der Hauptfigur der Geschichte den Inbegriff des Fantasyhelden überhaupt geschaffen hatte – *Conan den Cimmerier*. Zusammen mit Dracula, Tarzan, Superman, Batman und Perry Rhodan zählt er zu den populärsten Heldenfiguren des 20. Jahrhunderts, die – von unzähligen Autoren plagiiert und in endlosen Folgen fortgesetzt – Millionen Leser in aller Welt begeistert hat, dazu noch als Comic-Held, Spielzeugfigur und Filmgestalt in immer neuen Variationen in Erscheinung trat. Aber mit den vielen Plagiaten kam leider auch die Banalisierung des Romanhelden auf, seine gnadenlose Vermarktung und Verwandlung in ein Klischee. Aber in Wahrheit steckt hinter der Figur des muskelbepackten Schwertschwingers mehr als eine unentwegt kämpfende Serienfigur – zumindest in den ursprünglichen Conan-Erzählungen, alle zwischen 1932 und 1934 in diversen Zeitschriften erschienen[94], ist eine erzählerische Kraft und eine mythenschöpfende Tiefe zu finden, wie es sie in der phantastischen Literatur kaum wieder so gegeben hat.

Zu derselben Zeit, da J. R. R. Tolkien seine legendäre Welt *Mittelerde* geschaffen hat, entwarf Howard in ganz ähnlicher Weise ein fiktives Universum als Schauplatz seiner Conan-Erzählungen, nämlich das *Hyborische Zeitalter*, das sich zwischen dem Untergang von Atlantis und dem ersten Auftauchen der Arier-Menschenstämme aufspannt. Man nennt es auch das vergessene Zeitalter, da seit seinem kataklysmischen Untergang nichts mehr davon im Gedächtnis der Menschheit haften blieb, außer vielleicht einigen ganz blassen Erinnerungen in verschiedenen Fabeln, Legenden und Mythen. Es war ein zutiefst barbarisches Zeitalter, dieses Hyborische Zeitalter, in dem Königreiche sich gegenseitig überfielen und bekriegten wie Bestien, Feldherrn und bösartige Hexer nach der Macht gierten, dieweil gefangene Prinzessinnen nach Erlösung schmachteten – ein zutiefst märchenhafter Stoff, aus dem alle Fantasy gewoben ist. Auch vorsintflutliche Ungeheuer bevölkern diese öde, post-atlantische Welt, Riesenechsen, Flugsaurier, Drachen, Riesenschlangen und geflügelte Affen von gigantischer Größe, alle natürlich dazu bestimmt, von Conan (der auch eine Art Siegfried ist) besiegt und erlegt zu werden. Detailliertes Kartenmaterial illustriert die versunkene Welt dieses dunklen Zeitalters – die Karten zeigen eine Erde, die der heutigen, uns bekannten nur sehr entfernt ähnlich sieht.

Howard hat mit seinem fiktiven Zeitalter einen bunten Teppich aus Phantasie, Prähistorie und Mythologie – vorwiegend nordischer – gewoben, und deutlicher noch als Tolkien zeigt er auch die Übergänge zwischen Mythos und realer Historie auf. Er erfindet Völker, Stämme, Reiche und Rassen, deren Namen uns entfernt bekannt vorkommen, und er zeigt auf, wie historische Völker auf diese fiktiven Völker zurückgehen. Dies verleiht seinem „Hyborischen Zeitalter" eine unglaubliche Authentizität – es mag eine Fiktion sein, aber eine ungeheuer glaubhafte, überzeugende. Man denkt sich: So oder ähnlich mag es tatsächlich gewesen sein. Da gibt es die Reiche der Vanen und Asen, Pikten, Kimmerier und Hyperboreer, und von allen diesen leiten sich die späteren Indogermanen ab. Es ist interessant, dass ausgerechnet um das Jahr 1933 Howard diese fiktive Welt erschuf; es scheint, dass um diese Zeit alles Nordische groß in Mode kam, auch die Verherrlichung des Barbarentums, des Übermenschen, der „blonden Bestie". Auch Conan der Cimmerier, der Hauptheld der Serie, ist so geartet, amoralisch, kraftvoll, barbarisch, einzig auf Kampf und Sieg ausgehend, kein verweichlichter Zivilisationsmensch. Hier muss Howard einen Zeitgeschmack getroffen haben, der in den frühen 30er Jahren nicht nur in Deutschland, sondern wohl auch in Amerika vorherrschend war.

Howard gilt als der Begründer einer ganzen Literaturgattung, der *Sword-and-Sourcery*-Fantasy, die der *epischen Fantasy* Tolkiens gegenüber gestellt wird. In der Tat, Schwert und Zauberei, das ist es, worum es in all diesen Geschichten geht. Aber es ist doch große Erzählkunst, die hier vorliegt, mag man nun die Schwertkämpfe mögen oder nicht. Das Hyborische Zeitalter ist heroisch, kraftvoll, düster, durchwoben von einer Atmosphäre des Bedrohlichen und der ständig lauernden Gefahr. Um die Geschichtsschreibung dieses Zeitalters zu gewährleisten, werden die fiktiven „Nemedischen Chroniken" beigebracht. Denn wie Tolkien bemüht sich Howard, die logische Konsistenz seines mythischen Universums aufrechtzuerhalten. Wir wollen uns daher mit Geschichte, Klima, Geographie und politischer Landschaft des Hyborischen Zeitalters einmal näher befassen, denn es entsteht der Eindruck, dass vieles von dem dort Geschilderten einer intuitiven Schau früherer Evolutionsperioden entspringt. Auch dämmerhafte Erinnerungen an frühere Reinkarnationen mögen hier vorliegen, denn Howard beschreibt alles so, als ob er es selbst an Ort und Stelle erlebt hätte. Nur aus einer sehr tiefen Schicht unseres Bewusstseins können solche Urerinnerungen stammen. Im Vorspann der Geschichte IM ZEICHEN DES PHÖNIX wird das versunkene Zeitalter der Hyborier so eingeführt:

„Wisse, o Prinz, dass zwischen den Jahren, als die Ozeane Atlantis und die strahlenden Städte verschlangen, und jener Zeit, als die Söhne von Aryas aufstiegen, ein unbekanntes Zeitalter existierte, in dem auf der Welt prachtvolle Königreiche wie kostbare Tücher unter den Sternen ausgebreitet lagen – Nemedien, Ophir, Brythunien, Hyperborea, Zamora mit seinen dunkelhaarigen Frauen und den geheimnisvollen, von Spinnen heimgesuchten Türmen, Zingara mit seinen Rittern, Koth, das ans liebliche Weideland von Shem grenzte, Stygien mit den von Schatten bewachten Gräbern, Hyrkanien, dessen Reiter in Stahl und Seide und Gold waren. Das stolzeste Königreich der Welt aber war Aquilonien, das unumstritten im träumenden Westen herrschte. Hierher kam Conan der Cimmerier, schwarzhaarig und düsteren Blickes, das Schwert in der Hand – ein Dieb, ein Plünderer, ein Mörder voll gewaltiger Melancholie und gewaltiger Heiterkeit, um mit Sandalen an den Füßen die edelsteingeschmückten Throne dieser Welt zu zertreten."[95]

Wenn wir einmal die Originalkarten des Hyborischen Zeitalters betrachten, so sehen wir, dass zu jener Zeit die Britischen Inseln von der Masse des eurasischen Kontinents noch nicht abgetrennt waren, und das Land erstreckte sich über England weit hinaus in die heutige Nordsee. Hoch im Norden sehen wir die Länder *Vanaheim, Asgard, Hyperborea, Cimmerien,* und westlich davon die Gestade der Pikten; weiter südlich davon haben wir (der Linie Spanien, Frankreich, Deutschland folgend) die Königreiche *Zingara, Aquilonien* und *Nemedien.* Noch weiter südlich davon sehen wir, dass das Mittelmeer noch nicht existiert, sondern die Länder übergangslos nach Nordafrika hinüberreichen. Ägypten trägt den altertümlichen Namen *Stygien*, nach dem Fluss Styx benannt, dem späteren Nil, der als Unterweltsfluss galt. Hier wird in den Grüften und Pyramiden die Große Schlange Seth angebetet, lange bevor die hyborischen Völker das pharaonische Ägypten begründeten. Südlich davon liegen die Länder *Kush* und *Punt*, Namen, die noch aus der späteren pharaonischen Zeit bekannt sind. Ganz im Osten sieht man noch Reste des Riesenkontinentes *Mu*, der Stammheimat der Lemurier, während im Westen das alte Atlantis schon längst unter den Meeresfluten versunken ist. Dies also ist die Welt, wie Robert E. Howard sie mit dem inneren Geistesauge gesehen und zum Schauplatz einer Serie von blutrünstigen Conan-Romanen ausgestaltet hat.

Das Hyborische Zeitalter spannt sich zwischen zwei Kataklysmen auf – am Beginn jenes, das mit dem Untergang von Atlantis und Lemuria das Angesicht der Welt veränderte; am Ende das andere, das der Welt ihre heutige Gestalt verlieh. Alles, was zwischen diesen beiden Welt-Katastropen sich abspielte, ist völlig der Vergessenheit anheimgefallen. Über das zweite Kataklysma, das den Beginn der Jetztzeit markiert, schreibt Howard: „Große Gebiete der Westküste versanken im Meer, Vanaheim und das westliche Asgard – seit Jahrhunderten unbewohnte, von Gletschern bedeckte Eiswüsten – gingen im Wasser unter. Das Meer überflutete die Gebiete des westlichen Cimmerien und bildete die Nordsee. Die höher gelegenen Landstriche sollten später England, Irland und Schottland genannt werden. Auch die piktische Wildnis und die bossonischen Marken wurden überflutet. Im Norden bildete sich die heutige Ostsee und zerschnitt Asgard in die Halbinseln, die

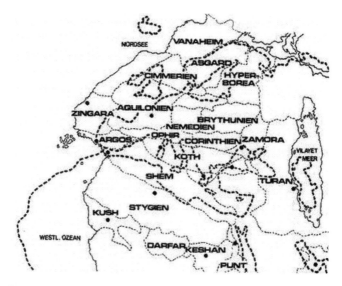

heute von Norwegen, Schweden und Dänemark bean-
sprucht werden. Im tiefen Süden wurde der stygische
Kontinent etwa dort, wo der Fluss Nilus nach Westen
abbog, vom Rest der Welt getrennt. Über Argos, das
westliche Koth und dem westlichen Shem erstreckte
sich fortan ein Ozean, den die Menschen später Mittelmeer nennen sollten. Doch während das Land stellen-
weise unterging, erhob sich im Westen Stygiens ein
riesiges Gebiet aus dem Wasser, das die westliche
Hälfte des afrikanischen Kontinents bilden sollte."[96]

Das Hyborische Zeitalter Howards steht offensichtlich in viel engerem Bezug zur jüngeren Erdgeschichte
als Tolkiens Mittelerde. Und was hier über das Antlitz
der Erde in einem früheren Zeitalter gesagt wird, ist
durchaus keine haltlose Spekulation, sondern entspricht
bis in die Einzelheiten hinein wissenschaftlichen Tatsa-
chen. Vor etwa 5 Millionen Jahren war das heutige Mittelmeer tatsächlich eine trockene Salzwüste, mit mehre-

149

ren kleineren Binnenseen, aber noch gänzlich ohne Verbindung zum Atlantischen Ozean. Der Felsen von Gibraltar, mit Nordafrika verbunden, wirkte wie eine natürliche Staumauer und trennte das Meer von der dahinter liegenden Trockensenke. Auch die Nordsee mit einer Tiefe von durchschnittlich 93 Metern ist geologisch eines der jüngsten Meere; im Spätglazial lag die Südgrenze des Meeres nördlich der heutigen Doggerbank, und das ganze Gebiet zwischen England und Schweden war durchgehend trockenes Land! Auch die Ostsee wurde erst relativ spät gebildet. Auf ihrem Grund fand man Steinwerkzeuge altsteinzeitlicher Völker, die dieses Gebiet noch als Jagdgrund nutzten. Dann aber kamen Eiszeiten, evtl. ein Polsprung und weitere Kataklysmen, die in kurzer Zeit das heutige, uns bekannte Bild der Erde formten.

Auf dem Gebiet der Nordsee, irgendwo zwischen den Britischen Inseln und Skandinavien, lag auch *Cimmerien*, das Heimatland Conans. Die *Kimmerier* waren ein teils historisches, teils mythisches Volk. Antike Autoren dachten sich ihre Heimat als ein fremdes, lichtloses Land in der Nähe des Polkreises. Ähnlich wie die Hyperboreer und Arimaspen wohnten sie am Rande der Welt überhaupt, in einer Gegend, in der Dieseits und Jenseits, Mythos und Wirklichkeit ganz nahtlos ineinander überzugehen scheinen. Homer (Od. 10 / 81-86) nennt die Kimmerier ein sonnenloses Nordvolk, am Okeanos und am Eingang zur Unterwelt lebend. Die historischen Kimmerier sind uns jedoch als ein den Thrakern und Iraniern benachbartes Reitervolk der südrussischen Steppe nördlich des Schwarzen Meeres bekannt. Von den Skythen im 9./8. Jh. v. Chr. in Bewegung gesetzt, weicht das Volk in Richtung Südosten über den Kaukasus aus; es bringt das von den Assyrern hart bedrängte Reich von Urartu, dessen König Rusas I. sich 714 das Leben nimmt, in eine schwere Krise. Die Kimmerier führen auch den Untergang des Phrygerreiches herbei, sie setzen sich dann in Kappadokien fest, bekämpfen und besiegen die Könige von Lydien, gelangen schließlich zum Hellespont und suchen weite Teile Ioniens heim. Ein gefürchtetes Kriegervolk also! Erst der mächtige Assurbanipal von Assyrien hat ihnen ein Ende bereitet, und die letzten Reste des Volkes werden 575 durch den Lyderkönig Alyattes vernichtet. Auf dem attischen Krater des Klitias in Florenz, der aus der Zeit um 560 stammt, sind bogenschießende "Kimmerioi" noch inschriftlich erwähnt.

Howard jedoch lässt die Cimmerier in Nachbarschaft der Pikten und nahe bei Vanaheim und Asgard in den arktischen Breiten des hohen Nordens wohnen, und er schreibt über sie: „Nördlich von Aquilonien, dem westlichsten der hyborischen Königreiche, leben die Cimmerier. Es sind blutdürstige Wilde, die sich von den Eindringlingen nicht unterjochen ließen, sondern im Gegenteil nach dem Kontakt mit ihnen rasch vorgerückt sind. Sie sind die Nachkommen der Atlanter und machen jetzt schnellere Fortschritte als ihre alten Feinde, die Pikten, die in der Wildnis westlich von Aquilonien leben."[97] Später, so heißt es, beim zweiten großen Kataklysma, seien sie nach Süden ausgewandert und hätten sich im Gebiet am Schwarzen Meer angesiedelt; ein Teil von ihnen sei dann zu Skythen, ein anderer zu Kelten geworden. Daher: „Die Kelten, die Vorfahren der Iren und der Schotten im Hochland, stammen von reinblütigen cimmerischen Sippen ab."[98] Auch der Stamm der Kimbern, der um 100 v. Chr. in Dänemark lebte, auf halbem Weg zwischen Skandinavien und dem Schwarzmeergebiet, entspringe derselben Wurzel. Als unmittelbares Bindeglied zwischen Atlantern und Kelten stellen die Cimmerier somit die Brücke zwischen Vergangenheit und Gegenwart dar.

Conan, der schwertschwingende Held, ist von Geburt ein Cimmerier, aber er will von seiner Heimat nichts mehr wissen – es ist ein kaltes, graues, bedrückendes Land. In der Urfassung der Erzählung IM ZEICHEN DES PHÖNIX sagt Conan über Cimmerien: „Ein bedrückenderes Land wirst du nirgends auf der Welt finden. Es ist ein stark bewaldetes Hügelland und die Bäume sind düster, so dass die Gegend selbst bei Tage dunkel und bedrohlich wirkt. So weit das Auge reicht, sieht man eine endlose Folge von Hügeln, die in der Ferne immer dunkler werden. Zwischen den Hügeln hängen stets Wolken, der Himmel ist fast ständig grau. Kalt und beißend ist der Wind und treibt Regen oder Hagel und Schnee vor sich her, während er trostlos über die Pässe und durch die Täler heult. Es gibt nur wenig Heiterkeit in diesem Land."[99]

Robert E. Howard, ein gebürtiger Texaner, der seit frühster Jugend mit dem Schreiben von historisch-abenteuerlichen Geschichten begann und sich im Alter von 30 Jahren das Leben nahm, muss dieses düstere Land Cimmerien als Geistesbild vor dem inneren Auge gesehen haben. Im Februar 1932, noch bevor die Conan-Geschichten entstanden, schrieb er ein Gedicht mit dem Titel *Cimmerien*, das die ihn überschattende Vision in poetische Worte fasst. Es mag auch als Folge von Reinkarnations-Erinnerungen gesehen werden, denn es beginnt mit den Worten: *„In der Erinnerung seh ich..."* Die letzten drei Strophen des Gedichts lauten:

*Es war ein düstres Land, ganz voller Winde
Und Wolken, Träume, die die Sonne scheuen,
Wo Astwerk kahl im tristen Winde knarrt,*

Und über allem brüten dunkle Wälder,
Erhellt nicht einmal von der fahlen Sonne,
Die jedermann zu Schatten duckt; es hieß
Cimmerien, Land des Dunkels, tiefer Nacht.

So lange ist es her, so weit entfernt,
Ich weiß schon nicht mehr, wie sie mich dort nannten.
Die Axt, der steinbewehrte Speer sind Träume,
Und Jagden, Kriege sind wie Schatten. Nur
Die Stille jenes düstren Landes blieb mir,
Die Wolken, über Berge hochgetürmt,
Das Dämmerlicht der Wälder ohne Zeit.
Cimmerien, Land des Dunkels und der Nacht.

O Seele mein, geborn aus Schattenbergen,
In eine Welt von Wolken und von Winden
Und Geistern, die das Licht der Sonne scheuen,
Wie viele Tode braucht es, um dies Erbe
Zu brechen, welches mich ins graue Kleid
Von Geistern hüllt? Im Herzen such und find ich
Cimmerien, Land des Dunkels und der Nacht.[100]

Dass es sich bei dem ganzen Komplex, der mit Conan und dem Land Cimmerien zu tun hat, um Erinnerungen an frühere Reinkarnationen handelt, ist gar nicht einmal so abwegig. Schon im Oktober 1931 vollendete Howard eine Story mit dem Titel PEOPLE OF THE DARK, in der sich der Ich-Erzähler, ein Amerikaner irischer Abstammung namens John O'Brien, deutlich daran erinnert, in einem früheren Leben ein gewisser „Conan von den Plünderern" gewesen zu sein, ein schwarzhaariger Kelte, der beim Fluchen ständig den Namen des Gottes Crom benutzte. Dies tut der Held der Conan-Serie auch, und es wäre sehr verlockend, in der rein literarischen Figur des O'Brien niemand anderen als Howard selbst zu sehen. Auf jeden Fall muss der Autor die Gestalt des Conan lange Zeit tief in seiner Seele getragen haben. In einem Brief an Clark Ashton Smith erzählt er, wie sich diese Gestalt ihm dann ganz plötzlich wie ein Blitzschlag offenbarte: „Ohne großes Zutun von meiner Seite stand dann auf einmal der Mann namens Conan vor meinem inneren Auge und sofort floss ohne sonderliche Mühe ein Strom von Geschichten aus meiner Feder – oder besser aus meiner Schreibmaschine. Ich hatte nicht das Gefühl, etwas zu erschaffen, sondern es war eher so, als erzählte ich Ereignisse nach, die sich bereits zugetragen hatten. Eine Episode folgte rasch auf die nächste, dass ich kaum noch mithalten konnte. Wochenlang tat ich nichts weiter, als Conans Abenteuer aufzuschreiben. Die Figur ergriff ganz und gar Besitz von mir und verdrängte alles andere, was ich noch hätte schreiben können. Als ich mir vornahm, etwas anderes zu schreiben, konnte ich es nicht."[101]

War Conan in der Rückerinnerung des John O´Brien noch ein „Kelte", so tritt er in den eigentlichen Geschichten als „Cimmerier" auf. Aber was bedeutet das schon – die Kelten stammen ja, wie Howard selbst sagt, *„von reinblütigen cimmerischen Sippen ab"*. Durch das Hyborische Zeitalter werden nur alle Geschehnisse um Äonen zurück versetzt. Aus den historischen Kelten werden die mythischen Kimmerier. Und der Gott Crom, der Hauptgott Cimmeriens, galt unter dem Namen *Crom Cruach* noch bis zu St. Patricks Ankunft als der „Hauptgötze Irlands", dem auf der „Ebene der Niederwerfung" bei Ballymagauran südwestlich von Ballyconnell ein großer, aufrecht stehender, goldüberzogener Stein geweiht war. Der Stein war von zwölf kleineren, silber- oder bronzeüberzogenen Steinen umgeben, zweifellos ein Megalith-Heiligtum aus der Frühzeit Irlands. Jedes Jahr zu Samhain (1. Nov.) wurden diesem Gott

Crom als Entgelt für Milch und Korn die ersten Feld-
früchte als Opfer dargebracht. Möglicherweise war
Crom der nordisch-arktisch-hyperboreische Urgott überhaupt. In der Beschreibung Conans wirkt er wenig
sympathisch: „Der höchste ist Crom. Er lebt auf einem
himmelhohen Berg. Aber was sollte es nutzen, ihn an-
zurufen? Es ist ihm gleichgültig, ob die Menschen leben
oder sterben. Es ist besser, seine Aufmerksamkeit gar
nicht erst auf sich zu lenken, denn er schickt Verderben,
keine Hilfe oder irdischen Güter. Er ist grimmig und
kennt die Liebe nicht. Doch er haucht dem Neugebore-
nen die Kraft zu streben und zu kämpfen ein. Wer kann
mehr von den Göttern verlangen?"[102]

Die Geschichten von Conan dem Barbaren verherrli-
chen Kraft, Draufgängertum und Wildheit, aber sie besitzen wenig inneren Zusammenhang. Im Wesentlichen
steht jede Geschichte ganz für sich, einzelne Anekdoten
aus dem Leben eines umherziehenden Schwertkämp-
fers, indessen ist eine zeitliche Abfolge nicht erkennbar.
Conan begegnet uns einmal als Dieb in Zamora, dann
als Söldner in irgendeinem anderen Landstrich, dann
als Pirat auf den südlichen Meeren, vor den Küsten
Stygiens, dann als König von Aquilonien, der die Königswürde allerdings auch nur mit Gewalt usurpierte.
Mal durchstreift er die Wüste, mal den Dschungel, dann
bewegt er sich, meist als gedungener Mörder, im Untergrund einer der Metropolen der Zivilisation. Sein Werk
ist überall eigentlich nur Gewalt, mal gegen menschliche Gegner, mal auch gegen riesige furchterregende
Ungeheuer oder unheimlich-dämonische Wesen. Allenthalben fließt das Blut hektoliterweise, fast auf jeder
Seite, was nicht wenig dazu beigetragen hat, dieser
ganzen Literaturgattung der *Sword-and-Sourcery-Fantasy*
den Stempel des Trivialen aufzudrücken. Trivial ist aber

nicht alles in diesen Geschichten. Wir gewinnen Einblick in die Länder und Reiche eines versunkenen Zeitalters, erleben seine Magie, seine düstere und schaurigschöne Atmosphäre auf eine unvergleichlich poetische Weise.

Diese Stimmung wird sehr dicht in der Conan-Erzählung DER TURM DES ELEFANTEN vermittelt, zuerst im März 1933 erschienen. Dort kommt ein Zauberwesen namens *Yag-kosha* vor, elefantenköpfig wie der Gott Ganesha bei den Indern, ein Wesen von einem fremden Stern, das zu Conan folgende Worte spricht: „Ich bin sehr alt, Mensch aus den Ödlanden. Vor langer, unendlich langer Zeit kam ich zu diesem Planeten, zusammen mit den anderen von meiner Welt, dem grünen Planeten Yag, der für alle Ewigkeit seine Bahn am Rand dieses Universums zieht. (.....) Wir sahen, wie die Menschen sich über die Stufe der Affen erhoben und die prächtigen Städte von Valusien, Kamelien, Cimmerien und ihren Schwestern errichteten. Wir sahen, wie sie unter den Angriffen der wilden Atlanter und Pikten und Lemurier schwankten. Wir sahen, wie die Meere sich aufbäumten und Atlantis und Lemurien und die Pikteninseln und die prunkvollen Städte der Zivilisation verschlangen. Wir sahen, wie die Überlebenden der Pikteninseln und von Atlantis ihre Steinzeitreiche gründeten, und wie sie in blutigen Kriegen zerfielen. Wir sahen, wie die Pikten in abgrundtiefe Barbarei stürzten und die Atlanter auf die Stufe der Affen zurücksanken. Wir sahen, wie neue Wilde aus dem eisigen Norden erobernd Welle um Welle in den Süden wanderten, eine neue Zivilisation errichteten und neue Königreiche gründeten – Nemedien, Koth, Aquilonien und weitere. Wir sahen, wie dein Volk sich aus dem Dschungel der

Affen, die einst die Atlanter gewesen waren, unter einem neuen Namen erhob. (.....)"[103]

Es ist die Urweisheit versunkener Kontinente und früherer Evolutionsperioden, die in den Conan-Erzählungen, ungeachtet aller äußeren Dramatik, immer wieder an die Oberfläche dringt.

Der Cthulhu-Mythos

D er US-amerikanische Schriftsteller und Dichter *H. P. Lovecraft* (1890–1937) hat mit seinem Gesamtwerk ein Universum des Schreckens, des Abgründigen, Unheimlichen, Schauderhaften geschaffen, das ihn neben Edgar Allan Poe als einen der ganz großen Meister anspruchsvoller Horror-Literatur erscheinen lässt. Freilich vermag das Wort „Horror" allein die Spannweite und Bedeutung seines Werkes noch nicht auszuloten. Mit mehr Berechtigung ließe sich sein Genre mit dem Begriff des *„Supernatural Horror"*, des Übernatürlichen Horrors bezeichnen. Denn in allen seinen Stücken kommt das Okkulte, das Magische, eben das Übernatürliche machtvoll zum Ausdruck; es geht bei ihm nicht um den Schrecken an sich, sondern um einen Schrecken, der bedrohlich aus dem Jenseits kommt, der mit Dämonenmacht, Göttern und unheimlichen Wesen aller Art einhergeht. Das ist auch eine Form der Esoterik, allerdings eine ausgesprochen schwarzmagische Esoterik, die mit der heute üblichen New-Age-Engelliteratur wahrlich nichts mehr gemeinsam hat. Man sieht also: So leicht lässt sich das Werk Lovecrafts nicht einordnen. Besonders in einigen seiner späteren Stücke finden sich auch Elemente von Science Fiction und Fantasy, was wiederum nur zeigt, dass bei Lovecraft die Grenzen literarischer Genres fließend ineinander übergehen. Eines aber ist Lovecraft auf jeden Fall: ein *Klassiker*.

Lovecrafts Werk steht mit Klassikern der Horror-Literatur wie Bram Stockers DRACULA oder Mary Schelleys FRANKENSTEIN in einer Reihe, und noch moderne Autoren dieser Sparte wie Stephen King und Wolfgang

Hohlbein betrachten den Amerikaner als einen ihrer bedeutendsten Vorläufer. Aber wer war eigentlich dieser in Deutschland immer noch wenig bekannte Autor? Einige biographische Daten über seine Person seien hier einmal angefügt. Im Jahre 1890 wurde er in Providence, Rhode Island geboren, einer typisch neuenglischen Stadt, die sehr puritanisch geprägt war, aber auch über ein gewisses okkultes Erbe verfügte. Sein Vater, ein Handelsreisender, verstarb früh, und so wurde er von seiner Mutter, seinen zwei Tanten und seinem Großvater großgezogen. Insbesondere der Großvater erweckte in dem Heranwachsenden ein Interesse für Märchen, Mythos und Fantasy, indem er ihm die Märchen von Tausendundeinernacht, Homers Odyssee und andere Klassiker zum Lesen gab. Als der Großvater 1904 starb, verarmte die Familie, Lovecraft erlitt einen Nervenzusammenbruch und konnte keinen High-School-Abschluss mehr erwerben. So blieb ihm der Zugang zur Universität verwehrt – ein Umstand, den er zeitlebens bedauerte.

Im Jahre 1917, mitten im Ersten Weltkrieg, gerade einmal 27 Jahre alt, schrieb Lovecraft sein erstes professionelles Stück – die Erzählung DAGON, 1919 in der kleinen Zeitschrift *The Vagrant*, ein paar Jahre später in dem berühmten Fantasy- und Horrormagazin *Weird Tales* veröffentlicht, in dem auch Robert E. Howard die Geschichten seines Conan-Zyklus publizierte. In DAGON klingt bereits ein Motiv an, das für Lovecraft später zum Lebensthema werden sollte – der Gedanke einer Bedrohung vom Meeresgrund, aus den namenlosen abgründigen Tiefen des Ozeans. Wie später in THE CALL OF CTHULHU spielt auch diese Geschichte im Pazifik. Dagon ist übrigens ein Name aus der Bibel und bezeichnet einen alten fischartigen Meergott der Philister.

Der Ich-Erzähler findet auf einer einsamen Insel im Pazifik die Überreste einer untergegangenen Zivilisation, die offensichtlich eine völlig fremde, fischähnliche Rasse waren und einen dem biblischen Dagon ähnlichen Gott verehrten. Die Mitglieder dieser Rasse scheinen jedoch noch zu leben, und der Autor beschwört den *„Tag, da sie aus den Wogen steigen werden, um mit ihren stinkenden Krallen eine kümmerliche, vom Krieg geschwächte Menschheit hinabzureißen – dem Tag, da alles Land untergehen und der dunkle Meeresgrund inmitten eines allumfassenden Pandämoniums heraufsteigen wird"*[104] – eine wahrhaft apokalyptische Vision.

Das Motiv einer nichtmenschlichen vorzeitlichen Rasse, die früher einmal auf diesem Planeten Erde gelebt hat, findet sich in der 1921 entstandenen Geschichte Stadt ohne Namen, die auf einen Traum Lovecrafts zurückgeht. Die Stadt ohne Namen liegt in der Einöde der südarabischen, jemenitischen Wüste, und sie ist älter als Ur, Babylon und die ägyptischen Pyramiden, ja älter als jedes von Menschen errichtete Bauwerk. In den unterirdischen Krypten dieser Stadt findet der Ich-Erzähler die mumifizierten Reste einer Spezies, die er wie folgt beschreibt: *„Sie gehörten der reptilischen Gattung an, wobei ihre Körperformen zuweilen an ein Krokodil, dann wieder an einen Seehund erinnerten, häufiger jedoch an nichts, wovon der Zoologe wie auch der Paläontologe jemals gehört haben. Ihre Größe reichte an die eines kleinen Menschen heran, und ihre Vorderbeine liefen in zartgliedrige und offenkundige Füße aus, die menschlichen Händen und Fingern eigentümlich ähnelten. Doch am sonderbarsten von allem waren ihre Köpfe, die eine Form aufwiesen, die sämtlichen bekannten biologischen Prinzipien Hohn sprach. Nichts lässt sich etwas Derartigem passend gegenüberstellen – blitzartig schossen mir so verschiedenartige Vergleiche wie zur*

Katze, zur Bulldogge, zum sagenhaften Satyr und zum Men-
schen durch den Sinn. Sogar Jupiter selbst besaß keine solch
mächtige, vorspringende Stirn, zugleich jedoch verwiesen die
Hörner, die fehlenden Nasen und die alligatorartigen Kiefer
diese Organismen jenseits aller anerkannten Kategorien."[105]

In der 1920 entstandenen, ebenfalls von einem Alp-
traum inspirierten Geschichte NYARLAHOTEP zeigt sich
ein anderes, für Lovecraft ebenfalls charakteristisches
Motiv – die Vorliebe für archaische, heidnische Götter
und das Bestreben, ein eigenes Götterpantheon zu er-
dichten. Der magiekundige Gott Nyarlahotep trägt
zwar ägyptische Anklänge, ist jedoch ganz und gar eine
Erfindung Lovecrafts. Um auf seine Biographie zurück-
zukommen: Nach dem Tod seiner Mutter im Jahre 1921
wurde er nur noch von seinen beiden Tanten versorgt;
ein Versuch, mit der sieben Jahre älteren Sonia Greene
eine Ehe einzugehen, scheiterte nach einem Jahr. Einen
Brotberuf übte Lovecraft nie aus, doch stieg er durch
zahlreiche Veröffentlichungen vor allem in *Weird Tales*
zu einem gefragten Fantasy- und Horror-Autor auf.
Daneben lektorierte er die Werke anderer Autoren und
betätigte sich in Ausnahmefällen als Ghostwriter. Er
schrieb auch zwei Theaterstücke und zahlreiche Gedichte, die heute weitgehend unbekannt geblieben sind,
obwohl sie zum Teil den Schlüssel zu seinem literarischen Werk bilden. Je mehr sein schriftstellerischer Erfolg zunahm, desto mehr zog er sich vom gesellschaftli-
chen Leben zurück. 1937 starb er völlig verarmt im Alter von nur 47 Jahren: eine tragische Figur, aber sicherlich auch ein Genie, denn mit seinem Werk schrieb er
Literaturgeschichte. Verehrer seines Werkes setzten auf
seinen Grabstein einen von ihm selbst oft gebrauchten
Spruch: *„I am Providence"* (zu Deutsch: „Ich bin die Vor-
sehung") mit Anspielung auf den Namen seiner Ge-

burtsstadt, in der er den Großteil seines Lebens verbrachte. Und ein weiterer Spruch steht auf seinem Grab,
der in STADT OHNE NAMEN vorkommt, jedoch als Über-
schrift zu seinem gesamten Lebenswerk gelten kann:

> *That is not dead which can eternal lie,*
> *And with strange aeons even death may die.*
> *Es ist nicht tot, was ewig liegt,*
> *Und in fremder Zeit wird selbst der Tod besiegt.*

Dieser Spruch zieht sich wie ein roter Faden durch
das Werk Lovecrafts. Mal wird er aus dem sonderbaren
fiktiven Buch NECRONOMICON zitiert; dann wieder steht
er in der für ihn zentralen Geschichte DER RUF DES
CTHULHU (1928), die ja zum Ausgangspunkt einer ganzen Mythologie wurde. Allenthalben bezeichnet der
Spruch die Bedrohung durch das Untote, den Schrecken
in monsterhafter Form, der dem üblichen Gesetz des
„Stirb und Werde" nicht mehr untersteht.

Lovecrafts Werk ist sehr vielschichtig, gliedert sich
aber deutlich erkennbar in drei Teile, nämlich in *traditi-
onelle Schauergeschichten, Traumweltgeschichten* und *My-
thosgeschichten*. Zu der ersten Gruppe zählen viele seiner
frühen Kurzgeschichten, die noch stark unter dem Einfluss von Edgar Allan Poe standen: typische Schauplät-
ze sind Friedhöfe und verlassene, unheimliche Häuser.
Die Geschichten, noch durch keinen gemeinsamen Hintergrund verbunden, wurden durch Träume Lovecrafts,
meist Alpträume, inspiriert. Die eigentlichen *Traumweltgeschichten* bilden eine Reihe märchenhafter Erzählungen, in denen fremdartige Landschaften, exotische
Städte, verbotene Berge, geheimnisvolle Götter einen
gemeinsamen Hintergrund abgeben; dazu kommen
Ghoule, Ghasts und andere bizarre Wesen. Die *Mythos-
geschichten* sind eine zusammenhängende Reihe von

Erzählungen, die den Ruhm Lovecrafts als Kultautor begründeten; in ihnen wurde ein mythisches Parallel-Universum geschaffen, eine ganz eigene Welt, ähnlich wie Tolkiens Mittelerde, die von späteren Autoren noch weiter ausgestaltet wurde.

Für diesen Zyklus von Geschichten hat sich der Begriff *„Cthulhu-Mythos"* eingebürgert, benannt nach dem ersten wirklichen Vertreter dieses Zyklus, der 1928 veröffentlichten Geschichte DER RUF DES CTHULHU. Wie wenige andere Geschichten wird diese von der schrecklichen Präsenz eines Numens beherrscht, eben des Cthulhu, der es verdient, mit *Frankensteins Monster, King Kong* und *Gorzilla* in eine Reihe gestellt zu werden. Cthulhu ist ein gottähnliches Wesen, das vor mehreren hundert Millionen Jahren mit seinem Gefolge auf die Erde kam und sich seit dem Untergang seiner Stadt in einem todesähnlichen Tiefschlaf befindet. Er lauert auf dem Meeresgrund, in den Ruinen der versunkenen Insel R'lyeh, die sich irgendwo im südlichen Pazifik befindet. Trotz seines bewusstlosen Zustandes ist dieses Wesen immer noch in der Lage, telepathische Botschaften an lebende Menschen zu senden, eben den „Ruf des Cthulhu", der die Empfänger des Rufes in den Wahnsinn verfallen und sich umbringen lässt. Der Ruf ist aber nur ein Wirrwarr sinnloser Worte und lautet *Cthulhu fhtagn*, eine Wortfolge, die ebenso unaussprechlich scheint wie der Name des Ungeheuers selbst.

Äußerlich stellt Cthulhu ein *„Ungeheuer von annähernd menschlicher Gestalt dar, das jedoch einen tintenfisch-ähnlichen Kopf besaß und ein Gesicht aus einer Menge Fühler sowie einen schuppigen, gummiartigen Leib, erstaunliche Klauen an Vorder- und Hinterbeinen und lange, schmale Schwingen auf dem Rücken"*[106] – also eine hybridartige Mischung aus Mensch, Tintenfisch und Fledermaus!

Eine riesengroße, schleimige, gallertartige Masse, die im Ungrundhaft-Feuchten verborgen liegt, eines Tages aber wieder erscheinen wird, um die Menschheit in ihrem Fortbestand zu bedrohen. Den mythologischen Quellen zufolge wird er auferstehen, wenn die Sterne richtig stehen, um erneut eine Schreckensherrschaft über die Erde auszuüben, was das Ende der Menschheit auf diesem Planeten bedeuten würde. So besitzt der Cthulhu-Mythos auch einen apokalyptischen Aspekt. Er ist von der Möglichkeit eines nahen Weltendes durchdrungen.

Cthulhu gehört nach Lovecraft zu einer Gruppe von kosmischen Wesenheiten, die als die *„Alten"* oder die *„Großen Alten"* bezeichnet werden; von ihnen heißt es, sie seien einst aus entfernten Teilen der Galaxis oder gar des Universums auf die Erde gekommen; sie stellen etwas völlig Fremdes dar und unterliegen keinen der uns bekannten Naturgesetzen. Im Besitz einer gottgleichen Macht und scheinbar unsterblich, könnte man sie als „Götter" betrachten, doch sie sind nicht die Götter einer humanen und moralischen Religion. Sie sind allem Menschlichen fern, eher *aliens* als Götter, unmenschlich, entsetzlich grausam und unberechenbar in ihren Reaktionen.

Hier hat Lovecraft sicherlich Elemente der *Science Fiction* und der Präastronautik vorweggenommen, indem er „Götter" von anderen Sternen auf die Erde kommen lässt. Sie kamen in einer weitaus früheren Evolutionsperiode auf diese Welt, wobei im Hintergrund theosophische Berichte über Atlantis und Lemuria stehen – besonders das Buch THE STORY OF ATLANTIS & THE LOST LEMURIA von Scott-Elliot, das Lovecraft recht gut kannte und seiner eigenen Mythologie teilweise zugrunde legte. Die „Großen Alten" sind eher Antigötter als Götter; und umso sonderbarer mutet es an, dass Lovecraft

einen Kult um diese abscheulichen Wesen behauptet. Es handele sich um einen neuheidnischen, dem Voodoo-Zauber ähnlichen Kult, der weltweit von Menschen im Untergrund geübt werde, mit dem Ziel, die Rückkehr der Antigötter vorzubereiten. Über die Anhänger dieses Kultes heißt es: *„Sie verehrten, so sagten sie, die Großen*

Alten, die schon lange vor den Menschen gelebt hätten und die vom Himmel auf die junge Welt gekommen seien. Diese Großen Alten seien nun gegangen, ins Innere der Erde und unter das Meer; doch ihre toten Leiber hätten den ersten Menschen im Traum ihre Geheimnisse mitgeteilt, die daraufhin einen Kult bildeten, der nie ausgestorben sei. Dies sei der Kult, und (…) es habe ihn schon immer gegeben und es werde ihn immer geben, verborgen in fernen Wüsten und finsteren Orten auf der ganzen Welt, bis zu der Zeit, da der große Priester Cthulhu aus seinem dunklen Haus in der mächtigen Stadt R'lyeh unter den Wassern auferstehe und den Erdball wieder unter seine Gewalt bringe. Eines Tages, wenn die Sterne günstig stünden, werde er rufen, und der geheime Kult warte immerzu darauf, ihn zu befreien." [107]

Aber der auf dem Meeresgrund lauernde Cthulhu ist nicht der einzige der Antigötter; es gibt noch Gestalten wie *Yog-Sothoth, Nyarlathotep* und nicht zuletzt *Azathot*, den „Dämonensultan". Er ist das Zentrum des Universums, das blinde Chaos auf seinem Thron inmitten der Leere, umringt von anderen Göttern, deren Tanz er überwacht. Deutet man ihn im Sinne der Gnosis, könnte man Azathot als den Obersten der Archonten sehen. Und all diese Götter stammen, so versichert uns Lovecraft, von anderen Planeten. In der Geschichte DER FLÜSTERER IM DUNKELN, im Druck erschienen 1931, heißt es: „*Diese Wesen kommen von anderen Planeten, können im interstellaren Raum leben und fliegen in ihm mit unförmigen, mächtigen Schwingen, die irgendwie dem Äther zu widerstehen vermögen, die sich aber so schwer steuern lassen, dass sie auf der Erde kaum von Nutzen sind. (…) Die Wesen kommen her, um Metall aus Minen zu gewinnen, die tief unter den Bergen verlaufen. Ich glaube zu wissen, woher die Fremden stammen. Sie werden uns nichts tun, solange wir sie in Frieden lassen, doch niemand kann vorhersehen, was geschieht, wenn wir ihnen gegenüber zu große Neugierde entwickeln. Selbstverständlich könnte eine Truppe tüchtiger Männer ihre Bergbaukolonie auslöschen. Davor haben sie auch Angst. Doch wenn dies geschähe, kämen von draußen noch mehr von ihnen – in unbegrenzter Anzahl. Es wäre ihnen ein Leichtes, die Erde zu erobern ...*[108]

Hier also, sehr eindrucksvoll die Vision einer Invasion gnostischer Götter aus dem Weltall! Eine der größten Fiktionen, die Lovecraft je schuf, ist das „verbotene Buch" mit dem Namen NECRONOMICON, ein Werk der Geister- und Dämonenbeschwörung, das sich in das Gesamtgebäude neognostischer Kunstmythologie nur allzu gut einfügt. Es enthält angeblich Invokationen, mit denen die von anderen Welten stammenden Pseudo-Götter verehrt, angerufen, ja herbei zitiert werden können. Es ist also ein Werk schwarzmagischer Theurgie, das jeden, der es verwendet, unrettbar in den Wahnsinn, ja in den Untergang stürzt. Der Name Necronomicon, ein griechisches Kunstwort, setzt sich zusammen aus den drei Bestandteilen *necros* („tot"), *nomos* („Gesetz") und *eidos* („Bild") und könnte somit bedeuten: „das Bild vom Gesetz der Toten" – also die Praxis der Nekromantie schon im Titel selbst deutlich erkennbar. Die Form des Titels erinnert an klassische Werke wie das ASTRONOMICON des Manilius, das Lovecraft natürlich kannte.

Den arabischen Titel des Werkes, AL AZIF (arabisch das „Heulen" oder „Pfeifen", nämlich der Dämonen in der Wüste), verdankt Lovecraft den gelehrten Anmerkungen von Samuel Henley zu Beckfords phantastischem Roman VATHEK in der Ausgabe von 1786. Alles in allem wird die Fiktion einer quellenmäßig fundierten Wissenschaftlichkeit konsequent aufrechterhalten. Verfasst wurde das NECRONOMICON angeblich von dem „wahnsinnigen Araber" Abdul Alhazred *„aus der jeme-*

nitischen Stadt Sanaá, von dem es heißt, er habe während der
Zeit des Kalifats der Omajaden, etwa 700 n. Chr., gewirkt. Er
besuchte die Ruinen von Babylon und die unterirdischen
Geheimnisse von Memphis und verbrachte ganz auf sich
allein gestellt zehn Jahre in der großen südarabischen Wüste
(…), von der man glaubt, sie sei von bösen Schutzgeistern
und Ungeheuern des Todes behaust. (…) Er erhob den An-
spruch, das sagenhafte Irem, oder die Stadt der Säulen, gese-
hen zu haben, und unter den Ruinen einer gewissen Stadt
ohne Namen inmitten der Wüste auf die schockierenden
Chroniken und Geheimnisse einer Rasse gestoßen zu sein, die
älter ist als die Menschheit. Er war seinem muslimischen
Glauben nicht treu und betete zu unbekannten Wesenheiten,
die er Yog-Sothoth und Cthulhu nannte"[109]

Der letzte Satz ist entscheidend: er stellt nämlich die
Verbindung zwischen dem Necronomicon und dem
Cthulhu-Mythos her. Und wenn es dann heißt, das
Buch Necronomicon sei anno 950 n. Chr. von Theodo-
rus Philetas aus dem Arabischen ins Griechische übersetzt worden, und später im Mittelalter ins Lateinische,
so dient dies nur dazu, die Fiktion literarischer Echtheit
aufrecht zu erhalten. Selbst der englische Magier und
Alchemist John Dee (1527–1608) wird unter die Über-
setzer des rätselhaften Buches eingereiht. All dies dient
dazu, dem Necronomicon den Anstrich eines mittelalterlichen Alchemie- und Zauberbuches zu geben. Nicht
wenige Okkultisten des 20. Jahrhunderts haben daher
an die Existenz dieses Buches geglaubt und gehofft,
Teile davon oder gar das Original selbst aufzufinden.
Vergeblich – denn Lovecraft hat oft genug erklärt, dass
das Necronomicon seine höchst eigene Erfindung sei. Es
ist ebenso wenig real wie Tolkiens in Elbenschrift ver-
fassten Chroniken von Mittelerde.

Alles in allem war Lovecraft ein meisterhafter Architekt des Grauens, der es verstand, eine Atmosphäre der Götterdämmerung zu schaffen, in der das Monströse, Furchteinflößende zur allbeherrschenden Realität wird. Und in geradezu hymnischen Wortkaskaden ergeht er sich in der Schilderung eines allgegenwärtigen Schreckens: *„Schreiendes Bewusstsein, fiebernder Stumpfsinn – nur die Götter, die dort verweilten, können es erklären. Ein ausgemergelter, empfindsamer Schatten ringelt sich in Händen, die keine Hände sind, wirbelt blindlings vorbei an Mitternächten verwesender Schöpfung, die Leichen toter Welten, bedeckt mit Geschwüren, die einstmals Städte gewesen sind. Leichenhauswirte, die an bleichen Sternen entlangstreifen und sie flackern lassen. Hinter den Welten undeutliche Spukgestalten monströser Dinge; halb sichtbare Säulen von lästerlichen Tempeln, die auf unbeschreiblichen Felsen unter dem All ruhen und hinaufreichen bis in den schwindelerregenden luftleeren Raum über den Sphären von Licht und Finsternis. Und durch dieses widerwärtige Grab des Universums dröhnt das gedämpfte, in den Wahnsinn treibende Schlagen von Trommeln und das dünne, monotone Wimmern blasphemischer Flöten aus unfassbaren, unerleuchteten Kammern jenseits der Zeit. Zu diesem abscheulichen Getrommel und Gepfeife tanzen langsam, unbeholfen und grotesk die gigantischen, düsteren, allerletzten Götter ....."*[110]

Lovecrafts literarische Nachwirkung bis in die Gegenwart hinein ist immens; man kann ihn geradezu einen Kultautor nennen. Alle seine Werke wurden immer wieder neu aufgelegt und besitzen eine internationale Fangemeinde. Künstler wie H. R. Giger, Autoren wie Stephen King und Wolfgang Hohlbein stehen in seiner Nachfolge, viele seiner Geschichten sind verfilmt, und in der Gothic-Metal-Szene werden Motive von ihm musikalisch umgesetzt. Neben den Verfilmungen sind in letzter Zeit auch Fantasyrollenspiele, Sammelkartenspiele und Computerspiele sehr populär geworden, die den Cthulhu-Mythos zum Inhalt haben – so ist Cthulhu doch noch zur Kultfigur geworden, die als Karikatur durch das Internet geistert und ihrem Schöpfer Lovecraft auf diesem Wege zu einer Art literarischen Unsterblichkeit verholfen hat.

Der Zauberer von Erdsee

Mit dem *Erdsee*-Zyklus (1968–1972) hat die in Kalifornien lebende Autorin Ursula K. Le Guin (1929–2018) ein monumentales episches Erzählwerk geschaffen, das längst zu den Klassikern der Fantasy-Literatur gehört – ein Werk, das Tolkiens DER HERR DER RINGE in nichts nachsteht. Die Bände des Zyklus gehören zu den originellsten Schöpfungen der modernen mythenschaffenden Literatur, und nach dem Urteil von Frederik Hetman sind sie „Tolkiens Geschichten durchaus ebenbürtig, psychologisch vielleicht sogar überlegen."[111] Hinter dem Namen „*Erdsee*" verbirgt sich eine der bizarrsten mythischen Parallel-Welten, die je erdacht worden sind, eine Inselwelt, geformt aus kleineren und größeren Archipelen, inmitten eines unendlichen erdweiten Meeres, steile aus dem Wasser ragende Gebirgsgipfel, höhere und flachere, das alles vor dem Hintergrund eines Panoramas, von dem man nicht weiß, ob es ein anderer Planet oder die Erde in einem früheren Entwicklungsstadium sein soll.

Jedenfalls ist „*Erdsee*" eine sehr archaische Welt, und die zahlreichen Inseln und Inselgruppen, die zu ihr gehören, sind von einer menschlichen Zivilisation besiedelt, die sich kulturell auf dem Niveau der Bronzezeit befindet. Die Bronzeschmiede sind eine sehr angesehene Berufsgruppe, und natürlich wird auch viel Seefahrt betrieben, mit holzgebauten Schiffen, um die Entfernungen zwischen den Inseln zu überbrücken. Aber kein Berufszweig ist so angesehen und einflussreich wie jener der Zauberer. Jedes Dorf hält sich einen Zauberer, alles dreht sich um Magie, die das ganze alltägliche Leben durchdringt. Die Zauberer regeln Wind und Wetter, sorgen für gute Ernte, heilen Menschen und Tiere, sehen vielleicht gar die Zukunft voraus und wehren böse Geister und Dämonen ab. Hier muss man bedenken, dass Ursula Le Guin die Tochter des bekannten amerikanischen Anthropologen A. L. Koeber ist, und sie selbst hat am renommierten Radclif-College und später an der Columbia-Universität akademische Titel erworben, die sie in die Lage setzten, auf die wissenschaftliche Erforschung „primitiver" Stammesgesellschaften zurückzugreifen und die Ergebnisse in ihre erzählerischen Werke einfließen zu lassen.

Band 1 des *Erdsee*-Zyklus, DER MAGIER DER ERDSEE (A WIZZARD OF EARTHSEA, 1968, dt. Erstausgabe 1978) erzählt den Werdegang eines Zauberers, mit allem, was dazugehört – seine Berufung zur Hohen Kunst der Magie, seine Ausbildung auf der Zauberschule, sein Kampf gegen den eigenen Schatten, das dunkle Selbst, dessen sieghafte Überwindung ihn erst zur vollständigen Persönlichkeit werden lässt. Auf der Insel Gont, einem einzigen Gebirgsmassiv, das über 1000 Meter steil aus dem Meer ragt, lebt der junge Ged, Sohn des Dorfschmieds, von allen nur „Sperber" gerufen. Erst als brutale Kriegerhorden sein Dorf überfallen, entdeckt er, dass er übernatürliche Fähigkeiten besitzt, da es ihm gelingt, die Eindringlinge mit Hilfe eines spontan herbeizitierten Wetterzaubers – eines magischen Nebels – zu vertreiben. So wird er zunächst dem Zauberer der Insel, dem schweigsamen Ogion, in die Lehre gegeben, dann aber bald auf die Insel Rok geschickt, um dort die Hohe Schule der Zauberei zu besuchen. Hier kann man in einer mehrjährigen Ausbildung Stab und Titel eines Zauberers erwerben, um sich anschließend auf irgendeiner Insel der Erdsee-Welt als Berufsmagier niederzulassen.

Und dann kam die Sache mit dem *„Schatten"*. Auf der Zauberschule ließ sich Ged auf ein gewagtes Spiel ein. Von Ehrgeiz übermannt, versuchte er, einen Geist aus dem Totenreich herbeizurufen, aber dabei wurde ein gestaltloses schwarzes Etwas freigesetzt, ein Wesen ohne Namen, auf der Schwelle von Diesseits und Jenseits lauernd, in tiefenpsychologischer Sicht sein eigener dunkler Schatten, eine feindliche böse Macht, gegen die er von nun an unentwegt ankämpfen muss. Der Schatten verfolgt ihn überall hin, um von ihm Besitz zu ergreifen, eine Art okkulter Vampir, bestrebt, ins Reich der Lebenden einzudringen. Ged weiß nicht, wie er sich des Schattens erwehren soll. Er fühlt sich ihm gegenüber machtlos, all seine Zauberkunst scheint hier erloschen. Das geht solange, bis er den Spieß umdreht, vom Verfolgten zum Verfolger wird, dem Schatten hinterher jagt, ihn herbeizitiert, ja ihn gar beim Namen ruft – mit seinem eigenen Namen. Der Zauberer heißt Ged, und der Schatten heißt nun auch Ged. Nun erst vermischen sich Hell und Dunkel, Gut und Böse, und bilden ein einheitliches lebendiges Ganzes. Das Böse ist integriert – und damit unschädlich gemacht. So ist die Welt wieder im Gleichgewicht, und Ged erlangt seine Vollendung als Zauberer.

Neben dieser tiefenpsychologischen Note zeichnet sich der Roman dadurch aus, dass in ihm eine differenzierte Theorie der Magie entwickelt wird, die das Phänomen der Zauberei glaubhaft erscheinen lässt, zumindest innerhalb eines bestimmten Systems von Axiomen. Das Phänomen der Zauberei wird hier nicht einfach als *a priori* gegeben vorausgesetzt, wie leider in vielen Fantasy-Romanen, auch nicht naiv und unbefangen als die natürlichste Sache der Welt genommen, sondern mit all seinen Risiken, Gefahren und Voraussetzungen dargestellt. Man erhält Andeutungen darüber, was man sich in einer magischen Welt, etwa in einer „primitiven" Stammesgesellschaft unter Magie vorgestellt haben mag. Ihre Grundlage bildet ein System der magischen Namensgebung: „Mancher Magier verbrachte sein ganzes Leben damit, den wahren Namen eines einzigen Dinges herauszufinden – einen einzigen Namen, der verloren ging oder verborgen war. Trotzdem sind die Namenreihen noch nicht zu Ende, und sie werden es auch nicht sein, solange die Erde besteht. Hört zu, und dann werdet Ihr verstehen, warum das so ist. Auf dieser Welt und in der Welt, worin kein Sonnenstrahl fällt, gibt es viele Dinge, die weder mit Menschen noch mit der menschlichen Sprache etwas zu tun haben, und es gibt Dinge, die außerhalb unserer Machtsphäre liegen. Aber Magie, wahre Magie, wird nur von denen ausgeübt, die das Hardisch der Erdsee sprechen oder die Ursprache, aus der es stammt."[112]

Diese Ursprache ist keine Sprache im philologischen Sinne. Sie ist vielmehr ein Kompendium magischer kraftgeladener Schöpfungsworte, von denen der Urgott einst einige gesprochen hat, als er die Inseln der Erdsee aus den Tiefen des Meeres herauf rief. Allein die Drachen sprechen und verstehen noch diese Ursprache, und die Zauberer bemühen sich, ihre Worte wieder zu erlernen. Ein jedes Ding auf der Welt besitzt, dieser Theorie zufolge, einen „wahren Namen", der ein Name in der Ursprache ist. Wer den wahren Namen eines Dinges kennt, der besitzt uneingeschränkte Macht darüber, einerlei ob es sich dabei um einen toten Gegenstand, ein lebendiges Wesen, einen Menschen oder einen Geist handelt. Bei seinem wahren Namen ruft man ein Wesen herbei, trägt ihm etwas auf, schickt es hinweg. Der wahre Name ist nicht der zufällig gegebene

Name eines Wesens, den sprachliche Konvention festgelegt hat, er ist nicht der von den Eltern verliehene Name oder der, welcher im Lexikon steht, sondern er ist ein magisches Geheimnis, das in den Tiefen des Schöpfungsurwissens ruht. Wer den wahren Namen des Windes, der Welle, des Meeres kennt, der gebietet diesen Mächten. Wer seinen eigenen wahren Namen kennt, der wird ihn unbedingt geheim halten, außer gegenüber solchen Personen, denen er grenzenlos vertraut. Den wahren Namen herauszufinden, ist die eigentliche Kunst der Magie. Deshalb sagt Ged an einer späteren Stelle des Romans:

„Namen zu wissen und Namen herauszufinden ist mein Handwerk, meine Kunst. Weißt du, um Magie wirken zu können, muss man den wahren Namen eines Dinges, eines Wesens herausfinden. Dort, wo ich herkomme, hält man seinen wahren Namen sein ganzes Leben lang verborgen, nur denjenigen, denen man voll und ganz vertraut, verrät man ihn. Denn in einem Namen steckt große Macht und deshalb große Gefahr. Vor langer, langer Zeit, als Segoy die Inseln der Erdsee aus der Tiefe des Meeres hob, trugen alle Dinge ihren eigenen, wahren Namen. Und die ganze Kunst der Magie, der Zauberei, hängt von diesem Wissen ab – des Wiedererlernens, des Erinnerns dieser wahren, uralten Sprache des Formens und Schöpfens. Natürlich muss man Bannsprüche lernen und wissen, wie die Worte zu gebrauchen sind, und man muss selbstverständlich auch die Folgen kennen. Aber ein Zauberer verbringt sein ganzes Leben damit, Namen herauszufinden und der Kunst zu folgen wie man Namen herausfinden kann."[113] Die magische Macht des Namens entspricht auch dem, was wir aus römischen Quellen über die Kelten wissen: dass das Erraten des Götternamens des

Feindes den Ausgang einer Schlacht entscheiden konnte. Von der Göttin Isis wird gesagt, dass sie den Sonnengott Re von einer Schlange beißen ließ, um seinen wahren, geheimen Namen zu erfahren. Die Tradition der Namensmagie reicht noch bis in die Welt der deutschen Volksmärchen, etwa dem Märchen von Rumpelstilzchen, wo dieses koboldartige Wesen ums Feuer tanzt und dabei die Verse rezitiert: *„Ach wie gut, dass niemand weiß / dass ich Rumpelstilzchen heiß!"*.

Auch in den Schöpfungsmythen der alten Völker spielt der Name, das Wort, eine große Rolle. Und wie eine Bestätigung des Bisherigen klingen die Worte, die Kurt Aram in seinem Buch MAGIE UND ZAUBEREI IN DER ALTEN WELT (1927 erschienen und heute immer noch aktuell) zu dem hier angeschnittenen Thema sagt: „Erst wenn ein Ding, eine Person einen Namen hat, existiert sie wirklich. Was namenlos ist, existiert nicht. Deshalb spielt (....) die Frage nach dem Namen und die Spekulation über den wahren Namen in aller Magie und Zauberei eine große und wichtige Rolle. Der wahre Name drückt das Wesen eines Dinges, einer Person aus. Kennt man ihn, gewinnt man Macht über das Wesen des Dinges oder der Person. Wer ihn kennt, hält ihn schon deshalb geheim, um nicht einen anderen an einer solchen Macht teilnehmen zu lassen. Götter halten ihren wahren Namen möglichst geheim, damit der Magier keine Macht über sie gewinnt. Ja, wir haben Beispiele in der antiken Mythologie, wo ein Gott aus demselben Grunde auch seinen wahren Namen vor den anderen Göttern verbirgt."[114] In den antiken Mysterienkulten war es üblich, dass der Aspirant nach seiner Einweihung einen neuen Namen erhielt – heute noch die gängige Praxis in den christlichen Mönchsorden.

Über die Namensmagie wird auch die Metamorphose, der Gestaltenwandel, vollzogen. Aber auch dieser birgt, wie jede Magie, Gefahren in sich: „Zu den Fähigkeiten, die Zauberer besitzen, gehört es, sich in etwas anderes zu verwandeln – eine andere Gestalt anzunehmen. Sie nennen es Gestaltenwechseln. Ein gewöhnlicher Zauberer kann erreichen, dass er wie jemand anderer oder wie ein Tier aussieht, so dass man eine Minute lang nicht weiß, was man nun vor sich hat – als hätte er eine Maske aufgesetzt. Aber die großen Zauberer und Magier können mehr. Sie können die Maske sein, sie können sich wirklich in ein anderes Wesen verwandeln. Wenn ein Zauberer das Meer überqueren will und kein Boot besitzt, könnte er sich in eine Möwe verwandeln und hinüberfliegen. Aber er muss vorsichtig sein. Wenn er ein Vogel bleibt, beginnt er zu denken wie ein Vogel, vergisst, was ein Mensch denkt, und vielleicht fliegt er weiter, ist eine Möwe und wird nie wieder Mensch."[115]

Neben dieser Theorie der Magie enthält der *Erdsee*-Zyklus auch eine interessante Ansicht über die Verwandtschaft von Menschen und Drachen. In den Romanen des Zyklus kommen Drachen häufig vor, aber sie sind keine hirnlosen Ungeheuer, sondern intelligente Wesen, Schöpfungsurwesen, nicht nur der Sprache, sondern gar der magischen Ursprache fähig. Es wird nun behauptet, dass Menschen und Drachen ursprünglich ein Stamm gewesen seien, der sich erst später in zwei evolutionäre Linien ausdifferenzierte: „Als Segoy zu Anbeginn der Zeit die Inseln der Welt aus dem Meer hob, waren die Drachen die ersten, die aus dem Land und dem über das Land wehenden Wind geboren wurden. Das berichtet das Lied des Erschaffens. Aber ihr Lied erzählte auch, dass damals, zu Anbeginn, Drachen und Menschen eins waren. Sie waren alle ein Volk, eine

Rasse, geflügelt, und sprachen die Wahre Sprache. Sie waren schön, stark, weise und frei."[116] Dann spalteten die beiden Teilstämme – Menschen und Drachen – sich zunehmend auf und entwickelten sich auseinander: die einen fanden so sehr Gefallen am Fliegen, dass sie ewig Bewohner der Luft blieben; die anderen wurden sesshaft, bebauten den Acker und siedelten in festgebauten Städten. Die Drachen zogen sich in den äußersten Westen der Erdsee-Welt zurück, während die Menschen sich im Süden und Osten sowie auf den Inneren Inseln niederließen. Doch Wenige wissen noch über den gemeinsamen Ursprung von Menschen und Drachen, die Zauberer vor allem, und einige besitzen gar die Fähigkeit, sich in Drachen zu verwandeln – womit wir wieder beim Thema der Verwandlungen wären.

Der Kampf gegen dunkle Schattenmächte, die aus dem Jenseits drohen, durchzieht den ganzen Roman-Zyklus. In Band 2 des Zyklus, DIE GRÄBER VON ATUAN (THE TOMBS OF ATUAN, 1971, dt. 1979) begibt sich der Magier Ged zu einer der Inseln des Ostens, um dort die zweite Hälfte eines magischen Ringes aus der Urzeit wiederzuholen. In den Katakomben und Labyrinthen auf der Insel Atuan wird ein düsterer Kult um unterirdische, namenlose Götter getrieben, Götter von gleicher Qualität wie der böse Schatten, der Ged so zugesetzt hatte. Fast wäre Ged in Gefangenschaft dieses ausschließlich von Frauen gebildeten Priesterstaates geraten, aber es gelingt ihm, die jugendliche Oberpriesterin, Tenar, umzustimmen und mit ihr von dem Unglücksort zu fliehen – mit der Ringhälfte, die nun an den ersten Teil angefügt wird, sodass mit der Komplettierung des Ringes der Friede auf Erdsee endgültig gesichert ist. Die Gräber von Atuan aber versinken ins Dunkel, zurück in die Eingeweide der Erde....

In Band 3, DAS FERNE UFER (THE FAREST SHORE, 1972, dt. 1979), klingt ein ähnliches Motiv an. Hier stellt sich heraus, dass die Welt der Lebenden durch einen Riss im Jenseits bedroht wird, und Ged, inzwischen oberster Erzmagier von Erdsee geworden, reist in Begleitung des künftigen Königs auf die Insel Selidor im äußersten Westen, um dort den Riss zu schließen. Dies erfordert seine ganze Kraft, sodass er über die Anstrengung seine Zauberkraft vorübergehend verliert. Dennoch gelingt es ihm, den schier aussichtslosen Kampf um die Rettung von Erdsee zu gewinnen, und mit der Thronbesteigung des jungen Königs sind die dunklen Mächte in Bann geschlagen.

Im 4. Band, TEHANU (1990, dt. 1992), begehren die Mächte des Bösen noch einmal auf, aber vergeblich – Geds Zauberkraft ist zwar noch nicht wiederhergestellt, aber Tehanu, die Tochter des Drachen, ein kleines Mädchen noch, wird dereinst sein Amt übernehmen. „Ursula K. Le Guin ist eine überaus weise Geschichtenerzählerin" (John Clute) – und eine, die instinktiv eine gewisse Ahnung von Magie und Esoterik zu besitzen scheint. Wie ihre Kollegin Marion Zimmer-Bradley fing sie mit Science Fiction an; für ihren HAINISH-Zyklus hat sie so prestigeträchtige Preise wie den Hugo und den Nebula Award bekommen. Ihr düster-grandioses Panorama der magischen Welt von Erdsee ist die Alternative zu Tolkiens DER HERR DER RINGE und einer der meistgelesenen Fantasy-Zyklen der Gegenwart.

Der Kleine Prinz

Man sieht nur mit dem Herzen gut. Das Wesentliche ist für die Augen unsichtbar.[117] – So lautet die Zentralbotschaft des unvergleichlichen Kunstmärchens DER KLEINE PRINZ, das Antoine de Saint-Exupery (1900–1944), passionierter Flieger und begnadeter Schriftsteller, mitten in den Wirren des Zweiten Weltkrieges niedergeschrieben hatte. Das Sehen mit den Augen des Herzens will dieses Märchen lehren; deshalb wendet es sich nicht nur an Kinder, sondern auch an Erwachsene. Eugen Drewermann nannte es ein „Brevier der Hoffnung" und „Vademecum der Liebe". Und vielleicht sollte dieses Märchen auch mit den Augen des Herzens gelesen werden, mit dem liebenden Herzen eines Kindes und nicht mit dem kalten Verstand des Erwachsenen – dann wird klar, dass diese Geschichte kein Weltraummärchen, sondern ein gnostisches Sternenmärchen ist, ein Astralmythos voller esoterischer Weisheit.

Zusammen mit Tolkiens DER HERR DER RINGE und Richard Bachs MÖWE JONATHAN gehört DER KLEINE PRINZ von Saint-Exupery zu den bekanntesten und einflussreichsten Märchen des 20. Jahrhunderts. Seit seinem Erscheinungsjahr 1943 in rund 80 Sprachen der Welt übersetzt, wird es allein in den USA jährlich in 100.000 Exemplaren verkauft, in Frankreich gar in über 300.000. Auch kennen wir den Kleinen Prinzen in unzähligen Formen als Theaterstück, Marionettenaufführung, Pantomime, choreographiert als Ballett und als Broadway-Musical. In gewisser Weise ist der Kleine Prinz längst in das kollektive Gedächtnis des 20. Jahrhunderts eingegangen, und er lebt als ein Jung'scher

Archetypus im kollektiven Unbewussten unserer Zeit fort, allen Menschen urvertraut, einerlei ob sie nun den genauen Wortlaut des Märchens kennen oder nicht. Wir haben mit dem Kleinen Prinzen leben gelernt, und wir haben ihn lieben gelernt.

Und vielleicht lieben wir mit ihm auch einen Teil unseres eigenen Selbst. Denn wie jedes echt esoterische Märchen beschreibt DER KLEINE PRINZ nicht bloß äußere, sondern eigentlich und im Kern innere Prozesse. Die Geschichte besitzt nicht nur eine äußere, exoterische Dimension, ausgedrückt durch die Handlung im unmittelbar wörtlichen Sinne, sondern es gibt da noch einen inneren, allegorischen Hintergrund-Sinn, den man jedoch nur „mit den Augen des Herzens" erkennen kann. Denn das Wesentliche, hatten wir ja gesagt, „ist für die Augen unsichtbar"; es ist geistig, intelligibel, in den höheren Welten beheimatet und vielfach verschleiert. „Was wichtig ist, sieht man nicht", heißt es in dem Märchen. „'Ja', sagte ich zum kleinen Prinzen, 'ob es sich um das Haus, um die Sterne oder um die Wüste handelt, was ihre Schönheit ausmacht, ist unsichtbar!'"[115]

Die wahre Schönheit offenbart sich nicht in der sinnlichen, sondern in der intelligiblen Schönheit – das ist ganz platonisch gedacht. Dem Künstler und zumal dem Dichter bleibt es vorbehalten, den Strahlenglanz der intelligiblen Schönheit zu erschauen; er sieht das Wesentliche, denn er sieht mit dem Herzen. Die Welt der intelligiblen Schönheit ist bei Saint-Exupery die Sternenwelt: „Die Sterne sind schön, weil sie an eine Blume erinnern, die man nicht sieht..."[116] Diese Blume ist die mystische Rose, die ewige Blume des Herzens. Wenn Saint-Exupery von den Sternen spricht, meint er damit nicht so sehr den äußerlich sichtbaren Sternenkosmos, den die Astronomie mit ihren Teleskopen erforscht.

Sterne sind für ihn, so habe ich den Eindruck, viel eher lichtstrahlende Geistwelten, Quellpunkte intelligibler Schönheit, ewige Monaden göttlichen Seins. Von einem solchen Stern stammt auch der Kleine Prinz. Saint-Exupery nennt den Heimatstern des Prinzen zwar den Asteroiden B 612, aber das darf nicht den Eindruck erwecken, als sei hier ein physischer Himmelskörper gemeint. Wir alle wissen, dass der Asteroidengürtel, der sich in unserem System zwischen Mars und Jupiter erstreckt, unbewohnbar ist. So darf man den Begriff „Stern", wo er in DER KLEINE PRINZ vorkommt, nicht exoterisch auffassen. Das Wort muss allegorisch verstanden werden.

Der Kleine Prinz ist ein Wesen von einem fernen Stern, das per Zufall auf die Erde fiel und nach einer gewissen Zeit der Anwesenheit dort zu seinem Heimatstern wieder zurückkehrt – darin besteht bereits die ganze Handlung des Märchens. Der Ich-Erzähler berichtet, dass er mit seinem Flugzeug mitten in der Wüste gestrandet sei. Dort begegnet er dem Kleinen Prinzen: „Ich brauchte lange Zeit, um zu verstehen, woher er kam. Der kleine Prinz, der viele Fragen an mich richtete, schien die meinen nie zu hören. Zufällig aufgefangene Worte haben mir nach und nach sein Geheimnis enthüllt. So fragte er, als er zum ersten Mal mein Flugzeug sah (...): 'Was ist das für ein Ding da?' 'Das ist kein Ding. Das fliegt. Das ist ein Flugzeug. Es ist mein Flugzeug.' Und ich war stolz, ihm sagen zu können, dass ich fliege. Da rief er: 'Wie? Du bist vom Himmel gefallen?' 'Ja', sagte ich bescheiden. 'Ah! Das ist ja lustig (....). Also auch du kommst vom Himmel! Von welchem Planeten bist zu denn?' Da ging mir ein Licht auf über das Geheimnis seiner Anwesenheit und ich fragte hastig: 'Du kommst also von einem anderen Planeten?' Aber er antwortete nicht. Er schüttelte nur sanft den Kopf, indem er mein Flugzeug musterte: 'Freilich, mit dem Ding da kannst du nicht allzu weit herkommen .....'"[117]

Die Auffassung, dass die Sterne am Himmel die Wohnorte reiner Seelen seien, die von dort auf die Erde kämen, hat schon Platon in seinem Dialog *Timaios* vertreten; aber nicht die physischen Sterne des äußeren Firmaments sind damit gemeint. Nach Platon hat der Weltenschöpfer eine gleiche Anzahl von Seelen und Sternen erschaffen, wobei er jeder Seele einen Stern zuordnete: „Nachdem er das Ganze verband, sonderte er eine der der Sterne gleichkommende Anzahl von Seelen aus, teilte jedem Sterne eine zu, belehrte sie, indem er gleichsam ein Fahrzeug ihnen anwies, über die Natur des Weltganzen..." (*Timaios 41 d-e*). Der Sternenkosmos als Seelenheimat – das ist eine zutiefst esoterische Ansicht. Sie kommt sowohl in der platonischen als auch gnostischen Tradition vor. Auch das Herabfallen auf die Erde gehört zu den Urweisheiten der Gnosis: der Mensch gilt dort nämlich als ein auf die Erde gefallener Himmelsbewohner. Im apokryphen BUCH HENOCH wird ausführlich vom Schicksal der „gefallenen Engel" berichtet.

Und daraus erhellt nun auch die esoterische Bedeutung des Kleinen Prinzen. Er bedeutet keineswegs unser „inneres Kind", wie eine – letzten Endes immer oberflächliche – psychologische Deutung behaupten mag. In esoterischer Sicht ist der Kleine Prinz vielmehr unser höheres spirituelles Selbst, die reine Geistseele, die aus dem unvergänglichen Reich der Sterne stammt und sich nur besuchsweise auf der Erde aufhält. Mit einem Wort – der Kleine Prinz ist ein Symbol für die göttliche Monade. Er gleicht darum dem Prinzen aus dem GNOSTISCHEN PERLENLIED, der aus seinem heimatlichen Königreich auszog, um im fremden Land Ägypten die Perle des Heils zu suchen. Der Ich-Erzähler in der Geschichte stellt dagegen das niedere Ego dar. Auch das niedere Ego kann fliegen, sich in den Himmelsräumen bewegen, aber nur mit so künstlichen Hilfsmitteln wie einem Flugzeug. Und nun ist der Erzähler mit seinem Flugzeug abgestürzt, gestrandet. Ein Scheitern auf dem Seelenflug wird hier angedeutet. Er stürzt mitten in der Wüste ab – „mitten in der Wüste", das ist ein Ort der Gefahr, der Bewährung. Hier sind wir ganz auf uns selbst zurückgeworfen. Und da, inmitten der entsetzlichen lebensfeindlichen Einsamkeit der Wüste, tritt ihm plötzlich wie ein Schutzengel sein eigenes höheres Selbst entgegen – der Kleine Prinz, ein Besucher aus dem „Königreich des Geistes".

In diesem Sinne kann man sagen, dass DER KLEINE PRINZ von Saint-Exupery eigentlich ein gnostisches Sternenmärchen ist, und nicht bloß eine Weltraumgeschichte. Der Kosmos, dem der Kleine Prinz entstammt, ist der von Rainer Maria Rilke besungene „Welt-Innenraum"; denn das Weltall ist ja in uns, wie schon Novalis wusste („Nach Innen geht der geheimnisvolle Weg"). Ob Saint-Exupery seinem Märchen bewusst einen gnostischen Sinn geben wollte oder nicht – gewiss lag es nicht in seiner Absicht, bloß eine abstruse Alien-Geschichte zu schreiben. DER KLEINE PRINZ ist ganz aus dem Urquell dichterischer Inspiration geschöpft. Deshalb legt der Dichter Wert darauf, dass sein Märchen ernst genommen werde: „Denn ich möchte nicht, dass man mein Buch leicht nimmt. Ich empfinde so viel Kummer beim Erzählen dieser Erinnerungen. Es ist nun schon sechs Jahre her, dass mein Freund (....) davongegangen ist. Wenn ich hier versuche, ihn zu beschreiben, so tue ich das, um ihn nicht zu vergessen. Es ist traurig, einen Freund zu vergessen. Nicht jeder hat einen Freund gehabt."[118]

Saint-Exupery muss eine „Begegnung" mit dem Kleinen Prinzen gehabt haben – ob es nun ein Tagtraum war, eine Vision oder eine mystische Erfahrung, bleibt ungewiss. Auch eine Notlandung in der Wüste hat er selbst miterlebt: im Jahre 1935 stürzte er bei einem Flug nach Ostasien mitten in der ägyptischen Wüste ab – eine Episode, die in dem Buch WIND, SAND UND STERNE wiederkehrt. Es entstand zwei Jahre später und erhielt den Großen Preis der Academie Francaise. Ein Kind, das dem Kleinen Prinzen ähnelt, beschreibt der Autor am Ende des Buches so: „Welch liebliches Gesicht! Diesem Paar war eine goldene Frucht geboren; aus den schwerfälligen Lumpen war eine Vollendung von Anmut und Lieblichkeit entsprungen. Ich beugte mich über die glatte Stirn, die feingeschwungenen Lippen und sah, das ist ein Musikerkopf – das ist Mozart als Kind, eine herrliche Verheißung an das Leben! So sind nur die kleinen Prinzen im Märchen. Was könnte aus diesem Kind, wenn es behütet, umhegt, gefördert würde, alles werden!"[119]

Von seinem fernen Stern, wo er recht beschaulich lebt, seine drei Vulkane reinigt – zwei tätige und einen erloschenen – und seine Rose pflegt, bricht der Kleine Prinz eines Tages auf und kommt zur Erde; einen Zug wilder Vögel hat er angeblich für seine Reise genutzt. Hier haben wir, in moderne Bilder gekleidet, den alten gnostischen Mythos vom Himmelsturz der Seelen. Die reinen Seelen, ihrer Seligkeit überdrüssig, fallen in die materielle Erdenwelt. Bei seiner Reise zur Erde muss der Kleine Prinz verschiedene Stationen passieren, die Asteroiden 325 bis 330. Tatsächlich sind verschiedene Astralregionen damit gemeint. Von den sieben Planeten, die der kleine Sternenreisende besucht, ist die Erde der letzte, unterste, dichteste. Die sechs anderen Kleinplaneten sind sozusagen Vorhöllen der Erde. Sie werden von verschiedenen, jeweils personifizierten Untugenden bewohnt: der erste Asteroid von einem Herrschsüchtigen, der zweite von einem Eitlen, der dritte von einem Trinker, die folgenden drei von einem arbeitswütigen Geschäftsmann, einem neurotischen Laternenanzünder und von einem im Intellektualismus befangenen Wissenschaftler. Eine Parade von skurrilen Figuren wird hier vorgeführt – Bilder der Befangenheit allesamt, gewiss auch psychologische Archetypen, vor allem astrale Zwischenebenen, Stationen der Involution auf dem Weg vom Heimatstern zur Erde.

Auf der Erde angekommen, begegnet der Kleine Prinz zuerst der Schlange, dem chthonischen Urwesen schlechthin, dem eigentlichen Tier der Erde, das dem vom fremden Stern Gefallenen eines Tages die Erlösung bringen wird. Mit ihrem blitzschnell wirkenden, tödlichen Gift wird es die Schlange dem Kleinen Prinzen ermöglichen, zu seinem Heimatstern zurückzukehren. Denn dort hat er seine Rose zurückgelassen, seine astrale Geliebte, für die er gerade während der Zeit der Trennung ein Gefühl der Verantwortung entwickelt. Die Rose besitzt durchaus das Profil einer Geliebten – ganz und gar menschlich tritt sie in Erscheinung, launenhaft, unberechenbar, neurotisch. Man hat hierin zuweilen Autobiographisches sehen wollen, eine Anspielung auf Saint-Exuperys eigene Geliebte Consuelo, mit der ihn eine lang andauernde, sehr komplizierte Beziehung verband. Doch sollte man hier nicht zu viel Psychologisches hineininterpretieren. Es gibt auch Seelengeheimnisse, die jenseits von Raum und Zeit liegen. Man kann auch eine Geliebte haben, die „auf einem

anderen Stern" wohnt, in der Geistigen Welt. So nämlich geht es dem Kleinen Prinzen. Seine Rose ist die
ewige, mystische Rose, die himmlische Geliebte.

Auf der Erde bekommt der Kleine Prinz genügend
Gelegenheit, sich über die verrückte neurotische Welt
der Erwachsenen zu wundern. Aber er bleibt doch nur
ein Fremdling auf dieser Welt; tief in seinem Herzen
glüht die Sehnsucht nach seiner Sternen-Heimat. „Der
kleine Prinz setzte sich auf einen Stein und hob die Augen zum Himmel. 'Ich frage mich', sagte er, 'ob die Sterne leuchten, damit jeder eines Tages den seinen wieder
finden kann. Schau meinen Planeten an. Er steht gerade
über uns ... Aber wie weit ist er fort!'"[120] Aber sind wir
nicht alle Fremdlinge auf dieser Welt? Ist unsere wahre
Heimat nicht das „Himmelreich"? Die Gnostiker glaubten es, und das Urchristentum übernahm diese Lehre
von den Gnostikern. Nach einem Jahr Aufenthalt auf
der Erde glaubt der Kleine Prinz, dass es nun an der
Zeit sei, wieder zur himmlischen Heimat zurückzukehren. Und die Schlange hilft ihm dabei. Sie gibt ihm den
tödlichen Biss, der für ihn Erlösung bedeutet. Der ge-
strandete Flieger steht dabei und kann es nicht ändern:
„Es war nichts als ein gelber Blitz bei seinem Knöchel.
Er blieb einen Augenblick reglos. Er schrie nicht. Er fiel
sachte, wie ein Blatt fällt. Ohne das leiseste Geräusch
fiel er in den Sand."[121]

So endet das Märchen mit dem Tod des Kleinen
Prinzen. Aber was bedeutet „Tod"? Das Wort bedeutet
nicht Vernichtung, Untergang, Ende, sondern im Gegenteil Erhöhung, Verklärung, Wesenssteigerung. Der
Kleine Prinz muss sterben, weil er nur so zu seinem
Stern zurückkehren kann. Der Tod bedeutet also Aufbruch und der Beginn einer langen Reise. Seinen physischen, grobstofflichen Körper kann der Prinz bei dieser

Sternen-Reise nicht mitnehmen; er ist zu schwer und dicht. Zu seinem Freund, dem abgestürzten Flieger, sagt der Prinz: „Es wird aussehen, als wäre ich tot, und das wird nicht wahr sein (....) Du verstehst. Es ist zu weit. Ich kann diesen Leib da nicht mitnehmen. Er ist zu schwer. (....) Aber er wird daliegen wie eine alte verlassene Hülle. Man soll nicht traurig sein um solche alte Hüllen..."[122] Die Gewissheit eines persönlichen Fortdauerns nach dem Tod – hier wird sie klar und deutlich ausgesprochen. Alle Esoteriker und Mystiker sind sich hierüber einig. Sie sehen in dem irdischen Leben nur einen kleinen Ausschnitt aus einem viel größeren, gewaltigeren Panorama des Lebens, das weit ins Vorgeburtliche zurückreicht und im Nachtodlichen noch andauert. Sie sehen in unserer momentanen, aktuellen Persönlichkeit nur *einen* Aspekt unseres Wesens, in unserem physischen Körper nur *eine* „Hülle", in unserem derzeitigen Leben nur *eine* mögliche Existenzform.

Saint-Exupery muss um diese – zutiefst esoterischen – Zusammenhänge, die ich hier nur andeuten will, intuitiv gewusst haben. Darum ließ er sein Märchen so enden: Der Kleine Prinz kehrt zu seinem Stern zurück, um mit seiner himmlischen Geliebten – seiner Rose – für immer vereint zu sein. Dann wird für die beiden eine intensive Zeit der Erfüllung beginnen. Das Märchen endet also glücklich, trotz Weggang des Kleinen Prinzen, und am Ende wird sogar die Möglichkeit einer *künftigen Reinkarnation* angedeutet. Wenn nämlich mitten in der Wüste, sagt der Erzähler zu seinen Lesern, „ein Kind auf euch zukommt, wenn es lacht, wenn es goldenes Haar hat, wenn es nicht antwortet, so man es fragt, dann werdet ihr wohl erraten, wer es ist. Dann seid so gut und lasst mich nicht weiter so traurig sein: Schreibt mir schnell, wenn er wieder da ist..."[123]

Saint-Exupery wusste, wovon er sprach. Am 31. Juli 1944 startete er mit seinem Flugzeug von der Insel Korsika zu seinem letzten Flug – der Pilot und Dichter kehrte nicht mehr zurück. Er ist – wie der Kleine Prinz – zu *seinem* Stern geflogen, wo er gewiss Glück und Erfüllung fand.

Die Möwe Jonathan

Schon oft ist die menschliche Seele mit einem Vogel verglichen worden, der sich mit weit gebreiteten Schwingen emporhebt, um dem Himmel – seiner wahren Urheimat – entgegenzustreben. So versucht auch die Seele des Menschen unentwegt, in die höheren Ätherregionen des Himmels hoch zu dringen, denn die Erde ist nicht des Menschen eigentliche Heimat. Wir sind Himmelskinder, nicht Erdenbürger. So wie die Vögel in der Luft, die nur besuchsweise auf die Erde kommen, aber eigentlich in einem anderen Element zu Hause sind.

Ein Sinnbild für die menschliche Seele ist *die Möwe Jonathan*, wie sie in dem gleichnamigen esoterischen Kunstmärchen von Richard Bach vorkommt. Diese Geschichte ist keine Tierfabel, sondern eine Allegorie auf den Entwicklungsgang der menschlichen Seele, auf ihre spirituelle Entwicklung vom niederen Erdbewusstsein bis zum höchsten kosmischen Bewusstsein. *Jonathan Seagull* ist es, der diesen Entwicklungsweg exemplarisch vorlebt, Schritt um Schritt, vom ersten Suchen über die verschiedenen Stadien der Schülerschaft bis zu den höchsten Gipfelebenen des spirituellen Meistertums. Dabei wird Jonathan auch den Grad an Meisterschaft erlangen, der es ihm ermöglicht, beliebig auf der Zeitgeraden vor- und rückwärts zu gehen oder seinen Körper an jeden beliebigen Ort zu versetzen. Hier geht Adeptschaft schon in Weiße Magie über, sprengt alle Grenzen des Natürlichen. Man sieht hier, welches Potential der menschlichen Seele innewohnt, welche noch ungeahnten Kräfte im Zuge einer spirituellen Entwicklung entbunden werden können.

Der Seelenvogel des Menschen – als Symbol des auferstandenen Seelenleibes – kommt in der religiösen Bilderwelt der Völker recht häufig vor. In der ägyptischen Legende erscheint die Seele des gemordeten Osiris als Vogel auf der Spitze des Weltenbaumes, und noch eine Darstellung des Martyriums Alberts von Prag aus dem Beginn des 12. Jahrhunderts zeigt den Leichnam des Bischofs und daneben seinen Seelenvogel auf der Spitze eines Baumes, der als der immergrüne Lebensbaum gedeutet werden kann.

Eine ganz ähnliche Darstellung findet sich in der eiszeitlichen Kulthöhle von Lascaux / Dordogne: auf einem etwa 30.000 Jahre alten Wandbild sehen wir einen längs auf den Boden hingestreckten Mann, offenbar einen Jäger, der von einem wütenden Bison umgeworfen wurde, und in unmittelbarer Nähe des gerade Sterbenden sitzt ein in Seitenansicht gezeichneter Vogel auf der Spitze einer Stange. Ist auch dies der befreite Seelenvogel des Mannes?

Der Vogel ist auch ein Symbol für die erlöste Seele des Eingeweihten, der sich von den Banden der Materie losgemacht hat und – nunmehr befreit von der erdrückenden Last der Erdenschwere – den urbildhaften Reichen des Geistes zustrebt. In dem von H. P. Blavatsky übersetzten Fragment DIE STIMME DER STILLE heißt es: „Um zum Kenner des Allselbst zu werden, musst du zuerst Kenner des Selbst sein. Um die Kenntnis jenes Selbst zu erlangen, muss du das Selbst dem Nichtselbst, das Sein dem Nichtsein opfern. Dann kannst du zwischen den Schwingen des Großen Vogels ausruhen. Fürwahr, süß ist die Ruhe zwischen den Schwingen dessen, das weder geboren wurde noch stirbt, sondern das Aum ist durch ewige Zeitalter. Besteige den Vogel des Lebens, wenn du wissen willst."[124] Dieser Vogel des

Lebens ist *Kala Hamsa*, der ewige Schwan der Seele, von dem die Nada Bindu Upanishad sagt: „Ein Yogi, der den Hamsa besteigt (somit über Aum nachsinnt), ist von karmischen Einflüssen oder ungezählten Sünden unberührt."[125]

Auch in der Philosophie Platons kommt die Vogel-symbolik vor. Platon war ja nicht nur ein Philosoph im heutigen Sinne, sondern ein hoher Eingeweihter, der in zahlreichen Sinnbildern geistiges Wissen vermitteln wollte. In seinem Dialog *Phaidros* stellt er den Menschen als ein geflügeltes Wesen dar, das durch den Verlust seines Gefieders in die niederen materiellen Ebenen herab kommt. Für ihn ist „Entfiederung" geradezu ein Symbol für den Abstieg in die Materie. Er schreibt: „Alles, was Seele ist, waltet über alles Unbeseelte und durchzieht den ganzen Himmel, verschiedentlich in verschiedenen Gestalten sich zeigend. Die vollkomme-ne nun und befiederte schwebt in den höheren Gegen-den und waltet durch die ganze Welt; die entfiederte aber schwebt umher, bis sie auf ein Starres trifft, wo sie nun wohnhaft wird, einen erdigen Leib annimmt, der nun durch ihre Kraft sich selbst zu bewegen scheint, und dieses Ganze, Seele und Leib zusammengefügt, wird dann ein Tier genannt und bekommt den Beina-men sterblich ..."[126]

Dieses befiederte Wesen nun, der Lebensvogel Kala Hamsa, der ewige Schwan – er ist zugleich auch die Möwe Jonathan! Der Verfasser dieses wunderbaren Kunstmärchens, Richard Bach, 1935 in Oak Park / Il-linois geboren, entdeckte seine Liebe zur Fliegerei be-reits mit 17 Jahren; mit 18 wurde er zum Jetpiloten aus-gebildet. Er wirkte als Schauflieger und Fluglehrer, betrieb aber nebenher auch die Schriftstellerei, die ihm mit seinem Bestseller DIE MÖWE JONATHAN (1970) zu

Weltruhm verhalf. Immer wieder neu aufgelegt, auch verfilmt unter der Regie von Hall Bartlett und mit der Musik von Neil Diamond, wurde er zu einem Kultbuch für Generationen, ja er wurde wie DER KLEINE PRINZ von Saint-Exupery zu einem der Schlüsselmärchen des 20. (und des 21.) Jahrhunderts. Wie man sich leicht denken kann, geht es in diesem Buch um die Kunst des Fliegens, aber es geht um ein Fliegen, das letztendlich die Grenzen von Raum und Zeit überwindet – Fliegen als spirituelle Erfahrung. Das Fliegen wird zur Seelenreise in spirituelle Überräume.

Exemplarisch wird in diesem Buch die Möwe Jonathan vorgeführt als jemand, für den das Streben nach Geschwindigkeit zum Streben nach Vollkommenheit wird. Es fängt damit an, dass Jonathan – zunächst nur eine gewöhnliche Seemöwe – sich im Sturzflug übt: „Jetzt ging es Jonathan um die Geschwindigkeit. Nachdem er eine Woche geübt hatte, wusste er darüber mehr als jede andere Möwe. Aus dreihundert Meter Höhe stürzte er sich tollkühn in die Tiefe, den Wellen entgegen, und lernte durch Erfahrung, warum keine Möwe mit voller Wucht solche Sturzflüge versucht. Schon nach sechs Sekunden schoss er mit einer Geschwindigkeit von mehr als hundert Stundenkilometern abwärts, und bei diesem Tempo können die Schwingen dem Luftdruck nicht standhalten. Es war immer das Gleiche. So sehr er sich auch bemühte und anstrengte – bei hoher Geschwindigkeit verlor er die Kontrolle über den Flügelschlag."[127] Jonathan schwebt zwischen den Welten, über ihm nur der weite Himmel, unter ihm das endlose Meer. Auch in diesen Elementen – Luft und Wasser – liegt eine tiefe esoterische Symbolik beschlossen. Luft ist das Symbol für den Geist, das Mentale, und das Wasser meint das astrale Meer der Leidenschaften, über das wir uns im Zuge einer spirituellen Entwicklung immer weiter hinausheben.

Durch seine wiederholten Sturzflüge kommt Jonathan in Konflikt mit den anderen Möwen, gewöhnlichen Durchschnittsseelen, die nur in geringer Höhe fliegen und überdies das Fliegen nur zum Broterwerb ausüben. Der Konflikt führt dazu, dass Jonathan aus dem Clan ausgestoßen wird und sich in die Einsamkeit zurückzieht, wo er sich einem Schulungsweg unterzieht, der darin besteht, jede nur mögliche Geschwindigkeit noch weiter zu überschreiten. Es geht eigentlich um das Überschreiten an sich, um das Transzendieren. Letztlich beinhaltet dies auch ein Transzendieren von Raum und Zeit. Zuletzt stirbt Jonathan, kommt in die Geistige Welt, wo er seine Übungen im Fliegen fortsetzt und schließlich die spirituellen Lehrer bekommt, die er so lange gesucht hat. Einer seiner Lehrer sagt zu ihm: „Wäre unsere Freundschaft von Raum und Zeit abhängig, dann taugte sie nichts mehr, sobald wir Raum und Zeit hinter uns lassen. Überwinde den Raum, und alles, was übrig bleibt, ist Hier. Überwinde die Zeit, und alles, was übrig bleibt, ist Jetzt. Und meinst du nicht auch, dass wir uns im Hier und Jetzt begegnen können?"[128]

Transzendenz bedeutet Raum- und Zeitfreiheit; es bedeutet das Eingehen in jenes Ewige Jetzt, in dem alle Zeiten zusammenlaufen. Und in einem gewissen Sinne kann man sagen, dass Jonathan nun die Kunst des *yogischen oder mentalen Zeitreisens* erlernt. Sein Guru, selbstverständlich auch eine Möwe, erklärt ihm, dass es möglich ist, sich an jeden Ort, in jede Zeit zu versetzen. Dies sei nichts weiter als ein mentaler Akt: „Du wirst zum ersten Mal den Rand des Paradieses streifen, wenn du die vollkommene Geschwindigkeit erreicht hast. Und das bedeutet nicht, dass du in der Sekunde tausend oder hunderttausend Kilometer zurücklegen kannst. Selbst wenn du mit der Geschwindigkeit des Lichtes fliegen würdest, hättest du nicht die Vollkommenheit erreicht. Alle Ziffern sind Begrenzungen, Vollkommenheit aber ist grenzenlos. (....) Man kann überall hinkommen, man muss es nur wirklich wollen. Ich bin überall gewesen und in allen Zeiten, die ich mir vorstellen kann. (....) Bedenke immer, Jonathan, das himmlische Paradies findet sich nicht in Raum oder Zeit, denn Raum und Zeit sind bedeutungslos..."[129]

Erkenntnisse der modernen Physik, vor allem der Relativitätstheorie, sind in das Märchen eingeflossen. Theoretisch würde man sich ja, wenn man mit Überlichtgeschwindigkeit fliegt, in der Zeit rückwärts bewegen. Jonathan aber lernt nun, mit Gedankenschnelle zu fliegen. Dies ist ein Weg zu absoluter Freiheit. Sein Lehrer sagt: „Wenn du willst, werden wir uns als nächstes mit der Zeit beschäftigen (....). Du wirst lernen, durch Vergangenheit und Zukunft zu fliegen. Wenn dir das möglich ist, dann erst kannst du das Allerschwerste, das Großartigste, das Schönste beginnen. Dann erst kannst du dich dazu aufschwingen, das wahre Wesen von Güte und Liebe zu begreifen."[130] Mentale Zeitreisen sind tatsächlich möglich. Sie spielen sich auf der *Kausal-Ebene* ab, und das Gefährt der Zeitreise ist der *Kausalkörper*, den der Yogi oder Adept vollkommen zu meistern versteht. Der Kausalkörper ist gewissermaßen seine *Merkabah*, sein Sphärenschiff, sein interdimensionales Raum- und Zeitfahrzeug, bei dem es sich um einen gewandelten Kausalkörper handelt. Der Zeitreise-Yogi hat sich sein Fahrzeug selbst geschaffen, und nichts hindert ihn daran, alle Zeiten, Räume, Dimensionen und Manifestations-Ebenen damit zu durchqueren. Er ist Zeitreisender und Sphärenwanderer geworden. Es handelt sich also,

195

dies sei ausdrücklich betont, um *mentale Zeitreisen* – die „Zeitmaschine" von H. G. Wells, aufzufassen als ein technisches Gerät, ist eine materialistische Karikatur der an sich richtigen Idee, dass der Mensch Materie, Raum und Zeit zu beherrschen vermag.

Diese Beherrschung ist dann möglich, wenn man sich auf der Kausal-Ebene befindet, auf jener Sphäre der mystischen Zeitlosigkeit, die für das Zeitfliegen so unerlässlich ist. Von dieser Sphäre aus blickt man in alle Zeiten gleichzeitig, als seien sie zu einem einzigen Jetzt verschmolzen. Wie auch H. P. Blavatsky in ihrem Werk ISIS ENTSCHLEIERT schreibt: „Der menschliche Geist, der wesenseins mit dem göttlichen, unsterblichen Geiste ist, kennt weder Vergangenheit noch Zukunft, sondern er sieht alle Dinge wie in der Gegenwart."[131] Diese Ebene des Bewusstseins hat Jonathan bereits erreicht. Eine höhere Ebene der Adeptschaft ist wohl kaum denkbar. Deshalb muss Jonathan nun die anderen Möwen belehren, wie sie selbst diesen Weg beschreiten können. Und er sagt ihnen: „Ihr müsst vor allem verstehen, dass die Möwe die absolute Idee der Freiheit ist, das Abbild der Großen Möwe. Und der Körper ist von Flügelspitze zu Flügelspitze nichts weiter als der Gedanke selbst."[132]

Die *Große Möwe* – das ist die *Idee der Möwe*, das höhere Selbst, das einwohnende Göttliche, das Atma, wie die Inder sagen; und wir selbst sind nur verkörperte Gedanken, materialisiertes Bewusstsein. Jonathan hat die Idee der Möwe im höchsten Maße in sich selbst verwirklicht. Er ist den Weg der Selbst-Verwirklichung gegangen. Ein solcher Weg erfordert unzählige Erdenverkörperungen – hunderte, vielleicht tausende von Leben. Die Möwe Sullivan bekennt: „Die meisten von uns sind nur ganz allmählich weitergekommen, von einer Welt in die nächste, die dann anders war. Wir vergaßen sofort, woher wir gekommen waren, und es kümmerte uns nicht, wohin wir gingen. Wir lebten nur für den Augenblick. Es ist kaum vorstellbar, durch wie viele Leben wir hindurch mussten, bis wir verstanden, dass Leben mehr ist als Fressen und Kämpfen und eine Vormachtstellung im Schwarm einnehmen. Tausend Leben, zehntausend, und danach vielleicht noch hundert Leben, ehe uns die Erkenntnis aufdämmerte, dass es so etwas gibt wie Vollkommenheit, und dann nochmals hundert Leben, um endlich als Sinn des Lebens die Suche nach Vollkommenheit zu sehen und zu verkündigen."[133] Man könnte fragen: Gibt es eigentlich auch in der Tierwelt so etwas wie Reinkarnation, geistigen Aufstieg, spirituelle Höherentwicklung? Die göttlichen Monaden sind in vielerlei Formen eingeschlossen. Aber jede Monade strebt danach, sich zu befreien und ihr Bewusstsein zu erweitern. *Jedes Atom im All strebt nach Gottwerdung.* Das ist das fundamentale Gesetz des Alls – *das Gesetz des Aufstiegs.*

Momo gegen die Zeitdiebe

Dass die Zeit auch zum Kaufobjekt werden kann, dass man sie wie eine Geldanlage auf einer Sparkasse gewinnbringend anlegen kann – dies, mit allen negativen Folgen daraus, zeigt Michael Ende (1929–1995) in seinem zum Kultbuch gewordenen phantastischen Märchenroman MOMO (1973). Die Handlung ist schnell erzählt: Eine gespenstische Gesellschaft von grauen Herren, Agenten einer Zeitsparkasse, überredet immer mehr Menschen, Zeit zu sparen. Aber in Wahrheit werden die Menschen um ihre ersparte Zeit betrogen; die grauen Herren entpuppen sich als Zeit-Schmarotzer, die sich von gestohlener Zeit ernähren. Nur leider begreifen die Menschen nicht, dass sie die Leidtragenden sind und dass die Rechnung nicht aufgeht.

Als die Not am größten ist und die Welt den grauen Herren schon zu gehören scheint, entschließt sich *Meister Hora* – der geheimnisvolle Bewahrer und Verwalter der Zeit – zum Eingreifen. Dazu braucht er aber die Hilfe eines Menschenkindes – es ist die kleine struppige Heldin *Momo*, die einzige, die dem Einfluss der grauen Herren nicht unterliegt, denn für sie ist Zeit eine Herzensangelegenheit, die sie als „Stundenblumen" unter dem Herzen trägt. Im entscheidenden Moment steht die Zeit still, und Momo tritt den Kampf gegen die Phalanx der grauen Herren an – allein, mit nichts als einer Blume in der Hand und einer Schildkröte unter dem Arm.

Meister Hora ist ganz offensichtlich der antike Zeitgott *Aion*, der die Zeit verwaltet und sie nach festgesetztem Maß jedem Lebewesen zuteilt. Seine Schildkröte *Kassiopeia*, die in die Zukunft zu schauen vermag, wird zu Momos unentbehrlicher Helferin. Michael Ende hat

in sein Märchen tiefgründige esoterische Weisheit ein-
geflochten, und gleichzeitig entwirft er ein schonungs-
loses Bild unserer zeitsparenden, auf eiskalter Rationali-
tät begründeten Industriegesellschaft, die der von der
anonymen Macht der grauen Herren beherrschten Gesellschaft aufs Haar gleicht. Die in dieser Gesellschaft
lebenden Menschen, die nur noch die Logik des Ver-
kaufs und Gewinns kennen, verdienen zwar mehr Geld,
aber ihr eigenes Glück haben sie dagegen eingetauscht.
Die *Qualität* der Zeit ist ihnen verloren gegangen. Und
so merken sie nicht, dass sie selber die Verlierer sind in
diesem Spiel, dessen Spielregeln sie nicht kennen.

Dass Momo die Übermacht der grauen Herren überwindet und den Menschen die gestohlene Zeit zurück-
schenkt, womit das Märchen denn auch glücklich endet,
versteht sich von selbst. Hier soll nur eine Szene her-
ausgegriffen werden, nämlich die, in der Momo von
Meister Hora zu dem „Ort" hingeleitet wird, „wo die
Zeit herkommt". Dieser „Ort" ist natürlich kein räumlicher, sondern befindet sich im Inneren einer jeden Seele,
jedoch im Tiefsten, Verborgensten, zu dem wir norma-
lerweise nicht gelangen. Der „Ort, wo die Zeit herkommt" – das ist die mystische Aion-Sphäre, der Umkreis zeitloser Ewigkeit, wo alles nur noch ein ewiges
Jetzt ist, Quellort jeder Zeit und doch über alle Zeit er-
haben. Diesen Ort zu betreten, ist eine tiefe mystische
Erfahrung, und der Märchendichter hat mit seinen
„Stundenblumen" ein unglaublich poetisches Bild ent-
worfen, um eine solche Erfahrung in Worte zu kleiden.
Der genannte „Ort" sieht folgendermaßen aus:

„Nach und nach erkannte Momo, dass sie unter einer gewaltigen, vollkommen runden Kuppel stand, die
ihr so groß schien wie das ganze Himmelsgewölbe. Und
diese riesige Kuppel war aus reinstem Gold. Hoch oben

in der Mitte war eine kreisrunde Öffnung, durch die eine Säule von Licht senkrecht herniederfiel auf einen ebenso kreisrunden Teich, dessen schwarzes Wasser glatt und reglos lag wie ein dunkler Spiegel. Dicht über dem Wasser funkelte etwas in der Lichtsäule wie ein heller Stern. Es bewegte sich mit majestätischer Langsamkeit dahin, und Momo erkannte ein ungeheures Pendel, welches über dem schwarzen Spiegel hin- und zurückschwang. Aber es war nirgends aufgehängt. Es schwebte und schien ohne Schwere zu sein. Als das Sternenpendel sich nun langsam immer mehr dem Rande des Teiches näherte, tauchte dort aus dem dunklen Wasser eine große Blütenknospe auf. Je näher das Pendel kam, desto weiter öffnete sie sich, bis sie schließlich voll erblüht auf dem Wasserspiegel lag. Es war eine Blüte von solcher Herrlichkeit, wie Momo noch nie zuvor eine gesehen hatte. Sie schien aus nichts als leuchtenden Farben zu bestehen. Momo hatte nie geahnt, dass es diese Farben überhaupt gab. Das Sternenpendel hielt eine Weile über der Blüte an und Momo versank ganz und gar in den Anblick und vergaß alles um sich her. Der Duft schien ihr wie etwas, wonach sie sich immer gesehnt hatte, ohne zu wissen, was es war. Dann schwang das Pendel langsam, langsam wieder zurück, Und während es sich ganz allmählich entfernte, gewahrte Momo zu ihrer Bestürzung, dass die herrliche Blüte anfing zu verwelken. (...) Als das Pendel über der Mitte des Teiches angekommen war, hatte die herrliche Blüte sich vollkommen aufgelöst. Gleichzeitig aber begann auf der gegenüberliegenden Seite eine Knospe aus dem dunklen Wasser aufzusteigen. Und als das Pendel sich dieser nun langsam näherte, sah Momo, dass es eine noch viel herrlichere Blüte war, die da aufzubrechen begann. (...) Aber wieder kehrte das Sternenpendel um und die Herrlichkeit verging und löste sich auf und versank, Blatt für Blatt, in den unergründlichen Tiefen des schwarzen Teiches. Langsam, langsam wanderte das Pendel zurück auf die Gegenseite, aber es erreichte nun nicht mehr dieselbe Stelle wie vorher, sondern es war um ein kleines Stück weitergewandert. Und dort, einen Schritt neben der ersten Stelle, begann abermals eine Knospe aufzusteigen und sich allmählich zu entfalten. Diese Blüte war nun die allerschönste, wie es Momo schien."[134]

Bedarf es noch irgendwelcher Worte, um diese unglaubliche Vision zu erklären? Die ringsum der Reihe nach aufblühenden Knospen sind die Zeitblumen, die von dem schwingenden Sternenpendel mit Zeitsubstanz gefüllt werden, solange das Pendel über ihnen schwebt. Michael Ende hat damit wohl auch sagen wollen, dass Zeit etwas Organisches, Lebendes, Wesenhaftes ist, ein Geschöpf von unsagbarer Schönheit und Subtilität. Aber wir in unserer modernen zeitsparenden Welt haben den Sinn für dieses Organische verloren. Wir haben die Zeit sozusagen eingefroren. Es sind keine lebendigen Stundenblumen mehr, sondern sie gleichen künstlichen Plastikblumen. So etwas ist tot – kalt und tot wie die Welt der grauen Herren. Heilig aber bleibt für immer jene kuppelüberwölbte Halle, in der das zeitlos schwingende Sternenpendel die Zeit jede Sekunde neu erschafft. Die Ewigkeit gebiert die Zeit ohne Unterlass – symbolisiert durch die Lichtsäule, in der das Sternenpendel schwebt; denn wie das weiße Urlicht die Farben des Spektrums aus sich brechen lässt, so lässt Aion – die mystische Ewigkeit – alle Zeiträume aus sich hervorgehen, im Rhythmus einer nie versiegenden Schöpfungskraft.

Die unendliche Geschichte

T*u was du willst!"* – so lautet die Inschrift auf dem Symbol unumschränkter Herrschaftsgewalt in Phantásien. Es bedeutet nicht das Ausleben persönlicher Willkür-Freiheit, sondern das Forschen nach dem Wahren Willen, der sich in Einheit mit dem Göttlichen bewegt. Das Zauberreich *Phantásien*, ein Parallel-Universum im klassischen Sinne – es befindet sich, esoterisch gesprochen, auf der Astralebene –, besteht aus den Träumen, Wünschen und Sehnsüchten der Menschen, es ist ihre gestaltgewordene Phantasie. Aber in der Zeit, in der die „Unendliche Geschichte" spielt, sieht sich dieses Traumland in seiner Existenz bedroht, es wird an den Rändern von einem sich ausbreitenden „Nichts" zerfressen, das sich immer mehr vergrößert und zuletzt ganz Phantásien verschlucken wird – Ausdruck der zunehmenden Verarmung menschlicher Phantasie und der wachsenden Hoffungslosigkeit.

Nur einer kann die Gefahr abwenden, kann die phantásische Welt und damit auch unsere eigene Welt retten. Dieser Märchen-Erlöser heißt Bastian Balthasar Bux, ein Schuljunge im Alter von etwa 10 Jahren. Für DIE UNENDLICHE GESCHICHTE (zuerst erschienen 1979) erhielt der Verfasser Michael Ende zahlreiche deutsche und internationale Literaturpreise, darunter den „Buxtehuder Bullen", den „Silbernen Griffel von Rotterdam" und den „Europäischen Jugendbuchpreis". Das Buch wurde von Erfolgsregisseur Wolfgang Petersen mit einem enorm hohen Aufwand verfilmt (das Budget betrug 60 Millionen Mark im Jahre 1983): die damals neusten Spezialeffekte holte man sich aus den Studios des Star-Wars-Spezialisten George Lucas. Außerdem wurde das

Buch in mehr als 35 Sprachen übersetzt und hat eine Gesamtauflage von annähernd 8 Millionen Exemplaren erreicht. Es ist eine gewaltige Collage aus mythischen Bildern, ein monumentales Fantasy-Epos, ein Kinderbuch für Erwachsene und ein Erwachsenen-Buch für Kinder. Was aber hat es mit der „Unendlichen Geschichte" auf sich?

Versuchen wir zunächst, das Zauberreich Phantásien näher zu beschreiben: es liegt neben unserer Welt, in ihr und über ihr, es ist Jenseits und Inseits zugleich. Es ist subjektiv, als Reich der Träume und Wünsche, und zugleich auch objektiv. Phantasiegeschöpfe aller Art sind dort beheimatet. Vor allem aber: In Phantásien gelten andere Raum-Zeit-Parameter als in unserem eigenen so genannten Einstein-Universum. Der Begriff des dreidimensionalen Raumes, mit Ausdehnungen und Entfernungen, besitzt dort keine Gültigkeit mehr: „Hier ist es wohl unerlässlich, einen Augenblick innezuhalten, um eine Besonderheit der phantásischen Geographie zu erklären. Länder und Meere, Gebirge und Flussläufe liegen dort nicht in derselben Art fest wie in der Menschenwelt. Es wäre deshalb zum Beispiel ganz unmöglich, eine Landkarte von Phantásien zu zeichnen. Es ist dort niemals mit Sicherheit vorauszusehen, welches Land an welches andere angrenzt. Sogar die Himmelsrichtungen wechseln je nach der Gegend, in der man sich gerade befindet. Sommer und Winter, Tag und Nacht folgen in jeder Landschaft anderen Gesetzen. Man kann aus einer sonnendurchglühten Wüste kommen und gleich daneben in arktische Schneefelder geraten. In dieser Welt gibt es keine messbare äußere Entfernung, und so haben die Worte 'nah' oder 'weit' eine andere Bedeutung. Alle diese Dinge hängen ab vom

Seelenzustand und dem Willen dessen, der einen bestimmten Weg zurücklegt."[135]

Die Geographie Phantásiens ist Seelengeographie, äußere Räume sind dort innere Zustände, und Entfernungen werden zurückgelegt nicht durch Bewegung, sondern durch die Kraft des Wünschens. Dieses Reich hat weder Anfang noch Ende, weder Mittelpunkt noch Peripherie, jedenfalls nicht im räumlichen Sinne. Regiert wird es mit unumschränkter Herrschergewalt durch die *Kindliche Kaiserin*, zweifellos ein Archetyp des „Inneren Kindes", die als Erfüllerin aller Wünsche im *Elfenbeinturm* residiert. Dieser befindet sich in der Mitte eines ausgedehnten Garten-Labyrinths, aber es handelt sich nicht um einen Turm im gewöhnlichen Sinne: „Der Elfenbeinturm war groß wie eine ganze Stadt. Er sah von fern aus wie ein spitzer, hoher Bergkegel, der in sich wie ein Schneckenhaus gedreht war und dessen höchster Punkt in den Wolken lag. Erst beim Näherkommen konnte man erkennen, dass dieser riesenhafte Zuckerhut sich aus zahllosen Türmen, Türmchen, Kuppeln, Dächern, Erkern, Terrassen, Torbögen, Treppen und Balustraden zusammensetzte, die in- und übereinander geschachtelt waren. Alles das bestand aus dem allerweißesten phantásischen Elfenbein und jede Einzelheit war so kostbar geschnitzt, dass man es für das Gitterwerk feinster Spitze halten konnte."[136]

DIE UNENDLICHE GESCHICHTE besitzt zunächst einmal eine Rahmenhandlung: Bastian Balthasar Bux begibt sich eines Tages in das Antiquariat des Herrn Karl Konrad Koreander und lässt dort wie unter einem inneren Zwang ein Buch mitgehen, das recht seltsam aussieht und den Titel „Die Unendliche Geschichte" trägt. Er verkriecht sich mit dem Buch auf dem Speicher seines Schulhauses und beginnt darin zu lesen. Kapitel für

Kapitel. Jede Stunde schlägt draußen die Turmuhr. Er erfährt von der tödlichen Bedrohung Phantásiens durch das allgegenwärtige, alles zerfressende Nichts. Indem der Zerfall fortschreitet, leidet die Kindliche Kaiserin an einer unheilbaren Krankheit. Die Stimme eines Orakels verheißt, dass es Rettung für Phantásien und Heilung für die Kaiserin nur geben kann, *wenn ein Menschenkind die Kindliche Kaiserin aufsucht und ihr einen neuen Namen gibt.* Also auch hier wieder die Magie des Namens! In Märchen und Mythos besitzt sie universelle Bedeutung. Und an dieser Stelle wird Bastian gewahr, dass ihm selbst diese Aufgabe zufällt, dass er der vorherbestimmte Erlöser ist – und insofern auch Teil der „Unendlichen Geschichte", die er gerade liest. Und so springt er mitten in die Geschichte hinein, die Rahmenhandlung wird ein Teil der Geschichte selbst. Bastian trifft die Kindliche Kaiserin (die ihn schon erwartet hatte) und gibt ihr den Namen *Mondenkind.*

Von nun an ändert sich alles mit einem Schlage: Die Kindliche Kaiserin gesundet, Phantásien blüht neu auf, die Gefahr des verschlingenden Nichts ist gebannt. Als Dank für seine Retter-Tat händigt die Kindliche Kaiserin dem Bastian das Hoheitssymbol Phantásiens aus (es trägt die Inschrift *„Tu was du willst!"*) und bewirkt, dass in ihrem Reich alle seine Wünsche sofort Wirklichkeit werden, solange zumindest, bis er seinen Wahren Willen gefunden hätte. Von nun an begann für Bastian eine lange Reise, von einem Wunsch zum anderen, und jeder erfüllte sich, brachte aber gleich wieder einen neuen Wunsch hervor. Man kann diese Reise von Wunsch zu Wunsch als eine abenteuerliche Queste, als eine endlose Aneinanderreihung von phantastischen Episoden, oder auch als einen Einweihungsweg verstehen. Aber mit jeder Wunscherfüllung verlor Bastian einen Teil der

Erinnerung an die Welt, aus der er gekommen war. So wurde er mit der Zeit fast ein Phantásier, aber seinen Wahren Willen kannte er immer noch nicht. Er war im Grunde genommen auf der Suche nach sich selbst. Doch es bestand die Gefahr, dass er mit völligem Verlust seiner Erinnerung für immer in Phantásien bleiben müsste, ein Gefangener der Welt, die er doch selbst erlöst hatte! Zuletzt geht er den Weg der völligen Selbst-Transformation (an einem symbolischen Ort namens „Änderhaus", dem Ort der Änderung). Da wird ihm dann bewusst, dass er in seine eigene Wirklichkeit zurückkehren möchte – und dass nicht Selbstverwirklichung, sondern Liebe-Geben Ziel seines Wahren Willens ist.

Die Liebe würde Bastian bei den *Wassern des Lebens* finden, einem mystischen Einweihungsort, aber wie soll dies möglich sein ohne Erinnerung? Eine Lösung eröffnet sich, als Bastian in das „Bergwerk der Bilder" gerät, wo in Form von dünnen Glasscheiben alle vergessenen Träume der Menschen abgelagert sind. Die Ablagerungen solcher vergessener Träume bilden das Fundament von Phantásien, den unbewussten Urgrund, auf dem alles ruht. Unter Anleitung des alten Bergmannes fährt Bastian nun unter Tage, in der Hoffnung, dass er unter all den Bildern eines findet, mit dem er eine eigene Erinnerung verknüpfen kann. Dabei muss er wahrhaftig in die Tiefe schürfen: „Eingerollt wie ein ungeborenes Kind im Leib seiner Mutter lag er in den dunklen Grundfesten Phantásiens und schürfte geduldig nach einem vergessenen Traum, einem Bild, das ihn zum Wasser des Lebens führen konnte."[137] Und er findet auch eines – das seines eigenen Vaters, erlösungsbedürftig in seiner emotionalen Erstarrung. So gelangt Bastian zuletzt zu den Wassern des Lebens, einem geheimen Ort der Initiation, zu dem selbst die Kindliche

Kaiserin nicht hinkommen kann. Das Untertauchen in den Wassern des Lebens ist für Bastian eine mystische Neugeburt aus dem Geist der Liebe. Zugleich hat er damit auch sich selbst und seinen Wahren Willen gefunden: „Aber dann sprang er einfach in das kristallklare Wasser hinein, wälzte sich, prustete, spritzte und ließ sich den funkelnden Tropfenregen in den Mund laufen. Er trank und trank, bis sein Durst gestillt war. Und Freude erfüllte ihn von Kopf bis Fuß, Freude zu leben und Freude, er selbst zu sein. Denn jetzt wusste er wieder, wer er war und wohin er gehörte. Er war neu geboren. Und das Schönste war, dass er jetzt genau der sein wollte, der er war."[138] Das Erlebnis des Neugeborenwerdens deckt sich mit den Erfahrungen der Eingeweihten der alten Mysterien-Kulte, das Untertauchen im Wasser entspricht dem Taufritus. Wieder ein Hinweis auf den esoterischen Charakter nicht nur dieses, sondern jedes Märchens überhaupt.

Nun steht der Rückkehr Bastians in die Diesseits-Welt nichts mehr im Wege. Er findet sich auf dem Speicher des Schulgebäudes wieder, aber das Buch mit dem Titel „Die Unendliche Geschichte", in dem er zu lesen begonnen hatte, war verschwunden. Hatte es von Anfang an nur in seiner Einbildung existiert? Auch der Buchhändler Koreander weiß nichts von einem solchen Buch, vermisst auch keines, das so aussieht wie dieses. Aber er spricht zu Bastian die folgenden weisen Worte, die das Motto des ganzen Märchens bilden könnten: „Es gibt Menschen, die können nie nach Phantásien kommen, und es gibt Menschen, die können es, aber sie bleiben für immer dort. Und dann gibt es noch einige, die gehen nach Phantásien und kehren wieder zurück. So wie du. Und die machen beide Welten gesund."[139] Somit erweist sich Bastian als ein Wanderer zwischen

den Welten, ein Versöhner beider Welten, ein Brücken-
bauer und Vollbringer der Ganzheit. Und dabei verkörpert er im Grunde ein in allen Menschen angelegtes
Potential. DIE UNENDLICHE GESCHICHTE ist ein allegori-
sches Kunstmärchen, angefüllt mit surrealistischen Bildern, manche davon schön, andere wie aus Fieberträu-
men. Aber die Botschaft des Märchens ist klar und eindeutig – es fordert die Versöhnung von Phantasie und
Realität und damit die Wiederherstellung menschlicher
Ganzheit.

Utopien – Paradiese – Idealwelten

In den Märchenwelten, Utopien, Paradiesen und Idealwelten drückt sich eine tiefe Menschheits-Sehnsucht aus. Ob wir nun J. R. R. Tolkiens *Mittelerde* nehmen, Howards *Hyborisches Zeitalter* oder Ursula Le Guins phantastische *Erdsee*-Welt, Michael Endes *Phantásien* oder Frank Baums *Land Oz*, das mythische Schlaraffenland oder das Feenland der keltischen Mythologie – sie sind doch allesamt Entwürfe einer anderen Welt, einer Alternative zu unserer gewohnten Raum-Zeit-Wirklichkeit, und diese Entwürfe erstrahlen in einem zauberhaften Glanz. Es sind Welten, die sich vor allem dadurch auszeichnen, dass in ihnen (in der einen oder anderen Form) stets Magie vorherrscht, die vollkommene Unabhängigkeit von allen Gesetzen der Materie, des Raumes und der Zeit. Es sind Welten, in denen keine materielle Sorge herrscht, etwa um das tägliche Brot, in der man sich mühelos durch Raum und Zeit bewegt, nicht altert und stirbt, oder zumindest doch ein ungewöhnlich hohes Alter erreicht. Der Esoteriker wird uns versichern, dass diese Welten auf der *Astralebene* existieren, auf jener Ebene also, die wir alle im Traum betreten; der Tiefenpsychologe wird uns von Gebilden des kollektiven Unbewussten berichten, der Physiker von Parallel-Universen.

Zu diesen (Ideal-) Astralwelten aus Märchen und Mythos kommen noch hinzu die zahlreichen Vorstellungen aus den Weltreligionen über ein besseres Jenseits, Götterland oder Geistesreich, all die Paradiese, Himmelreiche und Elysiums – transzendente Utopien, die nur im Zustand perfekter Erlösung betreten werden. Auch dies sind, wird der Esoteriker sagen, zumeist *Welten auf der Astralebene.* Wir können auf dem Wege der Traumreise dorthin gelangen, können nebelhafte Abbilder davon in Visionen und Tagträumen erhaschen. Solche Paradiese hat man sich im „Himmel" vorgestellt, jenseits der Wolken, auf den Gipfeln hoher Berge (der Olymp der Griechen oder der Berg Meru) – oder als Inseln im Ozean, im Astralmeer, wie etwa das mythische *Avalon* der Kelten, die *Inseln der Seligen* Hesiods, wo zu den Göttern entrückte Heroen wohnen, bis hin zu versunkenen Reichen wie Atlantis und Lemurien, die vielleicht einmal vorzeitliche Kontinente waren, dann aber zu Paradiesen verklärt wurden. Manchmal werden Paradiese auch mit einer bestimmten Himmelsrichtung verbunden. Das Reich der Hyperboreer, die Wohnstatt Apolls, hat man sich im hohen Norden nahe am Polkreis vorgestellt. Das Totenreich der Ägypter, das mythische Land *Aminte*, wo Osiris herrscht, lag im äußersten Westen, dort wo die Sonne untergeht.

Ein *Paradies des Westens* kannten auch die alten Chinesen; es hat etwas Schlaraffenlandartiges an sich: alles geht dort ganz von selbst, ohne Zwangsgewalt, ohne Herrschermacht, ohne Sachzwänge, ja nicht einmal Alter, Krankheit und Tod besitzen Macht über den Menschen – ein glückliches Märchenland im Grunde genommen, alles im Zeichen einer alles umschließenden Einheit von Mensch und Natur. Diese Naturinnigkeit weist auf die taoistische Herkunft solcher Vorstellungen hin. Im BUCH VOM QUELLENDEN URGRUND finden wir dieses Paradies des Westens folgendermaßen beschrieben: „Der Herr der gelben Erde saß auf dem Thron fünfzehn Jahre lang und freute sich darüber, dass die Welt ihm diente. Da schlief er einmal bei Tage ein und hatte einen Traum. Er wandelte im Reiche der Hua Sü. Dieses Reich hatte keine Herrscher: es geht alles von selber; das Volk hat keine Begierden: es geht alles von selber. Man weiß nichts von der Freude am Leben noch dem Abscheu vor dem Tod: darum gibt es keine Plagen des Himmels. Man weiß nichts vom Haften am Selbst noch von der Entfremdung von der Außenwelt: darum gibt es nicht Liebe noch Hass. Man weiß nichts von der Abkehr von Andersdenkenden noch von der Zukehr zu Gleichgesinnten: darum gibt es nicht Nutzen noch Schaden. Keiner hat eine Vorliebe, keiner hat eine Abneigung. (...) Als der Gelbe Herr erwachte, wurde er verstehend und kam zu sich selbst."[140]

Eine andere Stelle im BUCH VOM QUELLENDEN UR-GRUND beschreibt das utopische Land Nirgendwo in ganz ähnlichen Worten, nur diesmal *„am Ende des Nordens"* liegend: „Das Land heißt das Ende des Nordens. Man weiß nicht, wovon sein Gebiet begrenzt wird. (....) Der Erde Kraft ist milde: kein giftiger Hauch macht sie krank. Der Menschen Art ist sanft: sie folgen der Natur ohne Zank und Streit. Ihr Herz ist weich und ihr Leib ist zart: fern sind ihnen Hochmut und Neid. Alte und Junge wohnen friedlich zusammen: nicht haben sie Fürsten und Knechte (....). Das Volk lebt in Seligkeit und Frieden ohne Maß."[141] Kann man noch bezweifeln, dass es die Sehnsucht nach einer besseren Welt ist, nach einem Leben in Frieden, Glück, Gesundheit und Einheit mit der Natur, die solchen Paradies-Vorstellungen Ausdruck verleiht?

Eines der populärsten buddhistischen Paradiese ist das geheimnisvolle *Shambhala*. Zahlreiche Mythen aus Indien, Tibet, Zentralasien, China und der Mongolei berichten von einem verborgenen Königreich dieses Namens, das sich irgendwo zwischen den schneebedeckten Gipfelketten des Himalaya und des Altai-Gebirges befinden soll. Sie schildern Shambhala als ein spirituelles Weltzentrum, wo die zur Unsterblichkeit aufgestiegenen Meisterseelen ein glückliches und sorgenfreies Leben führen. Die Chinesen glauben, dass der Meister Lao-Tse, als er Unsterblichkeit erlangte, auf den Jadeberg im „Paradies des Westens" ging, wo sich der Juwelenpalast der sagenumwobenen „Königin-Mutter des Westens" befinden soll. Dort soll auch der legendäre König Mu (um 1000 v. Chr.) geweilt haben, nachdem er zuvor die Gipfelkämme des Kunlun-Gebirges überschritten hatte: „Die Königin-Mutter des Westens sang dem König ein Lied vor, und der König stimmte ein. Es war ein sehr rührendes Lied. Dann sah er auch, wo die Sonne einkehrt, die täglich zehntausend Meilen weit läuft."[142] Den Mongolen galt Shambhala als ein Ort, an dem besonders tapfere Krieger wiedergeboren werden, eine Art zentralasiatisches Walhalla, ein Himmel gefallener Helden, die als Lohn ihrer Kampfesmühen ewiges Leben erben. Die Bewohner des Hochlandes von Tibet glauben, dass die Wiedergeburt ihres Nationalhelden Gesar Khan sich „im nördlichen Shambhala ereignen wird, wo er sich mit jenen Anhängern und Anführern vereinigen wird, die ihm in seinem vorherigen Leben gefolgt sind." Mit einer gewaltigen Streitmacht wird er dann „das Böse zerstören und Gerechtigkeit und Wohlergehen wieder über alle Länder bringen."[143]

Die Oiroten, ein westmongolischer Stamm, der südlich des Altai-Gebirges lebt, erzählen sich eine ähnliche Version des Shambhala-Mythos. Sie erwarten ein Neues Zeitalter des Wohlergehens und Glücks, das mit dem Kommen des „Weißen Burkhan" anbrechen wird. Sein Vorbote, der heilige Oirot, wird seinen Gläubigen auf einem weißen Pferd erscheinen.

Die Legenden aus dem Hochland von Tibet zeichnen ein klares Bild des Königreichs Shambhala. Es ist ein Ort ewigen Friedens, umgeben von einem doppelten Ring aus Schneebergen, deren Gletscher im Sonnenlicht glitzern. Zwischen dem äußeren und dem inneren Gebirgsring liegt ein Gebiet, das durch Flüsse und kleinere Gebirgsketten in acht Regionen unterteilt wird, die sich wie acht Blütenblätter um den Blütenkelch anordnen. So gleicht Shambhala einer achtblättrigen Lotosblüte, die im ewigen Eis erblüht. Jede der acht Regionen beherbergt zwölf Fürstentümer, sodass das Königreich Shambhala insgesamt aus 96 Fürstentümern besteht. In diesen Fürstentümern erheben sich Städte und Pagoden, deren Dächer aus reinem Gold bestehen. Der innere Gebirgsring umschließt das Zentrum des Königreichs, wo sich die Hauptstadt *Kalapa* befindet. Östlich und westlich der Stadt liegen zwei wunderschöne Seen, wie ein Halbmond und eine Mondsichel geformt und mit Juwelen angefüllt. Südlich der Hauptstadt befindet sich ein duftender Hain von Sandelholzbäumen; im Norden erheben sich steile Felsengebirge mit Tempeln und Götterschreinen.

Der Juwelenpalast des Königs von Shambhala leuchtet so hell, dass selbst Sonne und Mond neben ihm verblassen. Überall im Palast schwebt der Duft von Sandelholz-Räucherstäbchen, und der goldene Thron des Königs wird von acht Löwenstatuen getragen, die mit feinsten Edelsteinen besetzt sind. Wenn sich der König auf diesem Sitz der Macht und der Weisheit aufhält, befähigt ihn ein „magischer Edelstein" dazu, alle seine Wünsche zu erfüllen, der legendäre Wunschstein *Chintamani*. Hier zeigt sich eine Parallele zum Grals-Mythos; denn auch der Gral ist in der Beschreibung Wolfram von Eschenbachs ein „makellos reiner Stein", der – vom

Gralskönig gehütet – ganz nach Wunsch Reichtum und Nahrung in Fülle hervorbringt. Shambhala hat mit der Gralsburg auch dies gemeinsam, dass es ein Ort ist, zu dem Unberufene niemals hingelangen können; den man niemals finden kann, wenn man ihn sucht: denn nur dem Berufenen offenbart sich der Weg zur Gralsburg – der Weg nach Shambhala.

In gewisser Weise gleicht Shambhala einem Elysium, einem Paradies, einem transzendenten Himmel, und der Weg dorthin führt nur über die Wiedergeburt zu einem neuen Leben, besonders nach einem heldenhaften Tod. „Obwohl Shambhala im Volksbuddhis-mus vielfach als Götterhimmel betrachtet wird", so der Tibetologe Edwin Bernbaum, „halten es die meisten Lamas für ein Reines Land, eine Art von Paradies für jene, die sich auf dem geistigen Weg befinden. Nach den Schriften bietet das Königreich alle Voraussetzungen, die einen schnellen Fortschritt in Richtung Erleuchtung möglich machen. Wer immer Shambhala erreicht oder dort wiedergeboren wird, kann niemals mehr in eine niedere Existenzform zurückfallen und wird entweder in diesem Leben oder doch bald darauf in Nirwana eingehen. Die Lamas fügen hinzu, dass Shambhala das einzige Reine Land ist, welches auf unserer Erde existiert."[144] Shambhala ist ein Jenseitsreich, aber doch im Diesseits; ein Reich göttlicher Transzendenz mitten in dieser physischen Welt der Materie.

Aus den Ländern im Herzen Asiens – Indien, Tibet und der Mongolei – stammt die seltsame Sage von einem verborgenen Königreich namens *Agharti*[145], das sich im Inneren der Erde befinden und von einer unbekannten Rasse übermenschlicher Wesen bewohnt sein soll. Nach einer Sage, die Karl Haushofer (1869–1946) im Jahre 1905 aus dem Orient mitbrachte, und die Rene

Guenon in DER KÖNIG DER WELT (1954) ausgestaltete[146], siedelten sich einst führende Persönlichkeiten einer untergegangen Kultur in einem riesigen Höhlensystem unter dem Rumpfsockel des Himalaya an. Es wird vermutet, dass es Überlebende der versunkenen Kontinente Mu und Atlantis waren, die sich nach der großen Katastrophe, die über sie hereinbrach, ins Innere der Erde zurückzogen. Das Königreich Agharti soll sich im Mittelpunkt eines ausgedehnten, ja weltumfassenden Netzwerkes unterirdischer Stollen und Kanäle befinden, das alle Teile der Welt miteinander verbindet.

Als Kronzeuge des Agharti-Mythos gilt der aus dem Baltikum stammende Forscher Dr. Ferdinand Ossendowski (1876–1945), der zur Zeit des russischen Bürgerkrieges auf der Flucht vor den bolschewistischen Machthabern die Weiten Zentralasiens bereiste. In seinem Buch TIERE, MENSCHEN UND GÖTTER (1923) erzählt er, wie er in der Inneren Mongolei dem Prinzen Chultum Beyli und seinem Lieblingspriester Gelong Lama begegnete, die ihm bisher ungehörte Informationen über das verborgene Königreich Agharti offenbarten. Hier zunächst die Worte des Lama:

„Vor mehr als sechzigtausend Jahren verschwand ein Heiliger Mann mit einem ganzen Volk unter der Erde und sie erschienen nie wieder auf der Oberfläche. Doch haben viele Menschen dieses Königreich seitdem besucht (....). Niemand weiß, wo dieser Ort liegt. Manche sagen in Afghanistan, andere meinen in Indien. Alle Menschen sind dort vor dem Bösen und dem Verbrechen geschützt, beides gibt es innerhalb seiner Grenzen nicht. Die Wissenschaft hat sich friedlich entwickelt und nicht als Mittel der Zerstörung. Die unterirdischen Menschen haben das höchste Wissen erreicht. Jetzt ist es ein großes Königreich, Millionen von Menschen umfassend, die vom 'König der Welt' regiert werden. Er beherrscht alle Mächte der Welt und liest in allen Seelen der Menschheit und in dem großen Buch ihres Schicksals. Unsichtbar regiert er achthundert Millionen Menschen auf der Oberfläche der Erde, und sie werden jede seiner Anweisungen befolgen."[147]

Dem fügte Fürst Chultum Beyli noch folgendes hinzu: „Dieses Königreich wird Agharti genannt. Es umfasst alle unterirdischen Durchgänge in der ganzen Welt. Ich hörte wie ein gelehrter Lama dem Bogdo Khan erzählte, alle unterirdischen Höhlen Amerikas seien von den alten Menschen bewohnt, die unter die Erde verschwunden sind. Spuren von ihnen werden noch auf der Oberfläche der Erde gefunden. Diese unterirdischen Völker und die Räume werden von solchen regiert, die dem 'König der Welt' den Treueeid geleistet haben. Viele Wunder gibt es dort. Sie müssen wissen, dass es in den zwei größten Ozeanen ehemals zwei Kontinente gab. Sie verschwanden unter den Fluten, aber ihre Bewohner retteten sich in das unterirdische Königreich. In den unterirdischen Höhlen existiert ein besonderes Licht, das den Wuchs von Körnern und Pflanzen fördert und ein langes Leben ohne Krankheit ermöglicht."[148]

Hier also auch der Hinweis auf die beiden versunkenen Kontinente – Atlantis und Lemurien, das sagenhafte Land Mu – sowie auf das geheimnisvolle künstliche Licht, das eine Ähnlichkeit mit Bulwer-Lyttons *Vrilkraft* zu besitzen scheint. Es ist ein seltsamer und vielleicht sogar befremdlicher Gedanke, dass es gegenwärtig auf der Erde Regionen geben soll, und sei es unterirdische, wo Überlebende des untergegangenen Atlantis-Kontinents noch existieren. Und doch scheint Agharti eine Kolonie versprengter Atlanter zu sein. Im Besitz

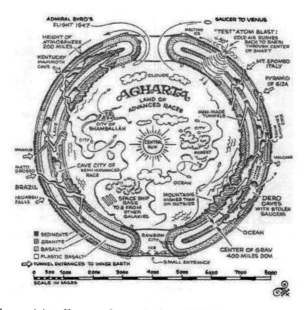

des spirituellen und magischen Geheimwissens dieser hoch stehenden versunkenen Kultur, erscheinen sie im Vergleich zur oberirdischen Menschheit als die Überlegenen. Nach R. Charroux gibt es auf der Erde vier Eingänge in das unterirdische Königreich Agharti – einen zwischen den Pfoten der Sphinx in Gizeh, einen auf dem Mont-Saint-Michel in der Bretagne, einen ebendort in dem magischen Wald Broceliande, und das Haupteingangstor in Shambhala in Tibet. Ob noch weitere Zugänge existieren, mag dahingestellt bleiben.

Shambhala und *Agharti* sind Märchenwelten, Zauberreiche und transzendente Paradiese – vielleicht auch, in einem gewissen Sinne, übersinnliche Realitäten. Ihr Gegenpol in der westlichen Hemisphäre ist die Wunderinsel *Avalon*, auf die König Artus nach seinem Tode entrückt wurde. Sie liegt fern im Westen, am Rande der

217

Welt, wo allabendlich in goldstrahlender Pracht die Sonne untergeht. *Insula Avalonia* oder Apfelinsel wird sie auch genannt, und die Sage geht, dass neun Schwestern, geführt von Morgaine le Fay, über die Gestade dieser Insel der Glückseligen herrschen sollen. Avalon bedeutete für die Gälen und die keltischen Briten so viel wie das Paradies, und der Chronist Geoffry of Monmouth berichtet uns hierüber:

„Die Apfelinsel wird auch die glückliche Insel genannt, weil sie alle Dinge aus sich selbst erzeugt. Die Äcker haben dort den Pflug nicht nötig, der Boden wird überhaupt nicht bebaut; es gibt nur, was die schaffende Natur aus sich selbst gebiert. Freiwillig schenkt sie dort Korn und Wein, und in den Wäldern wachsen die Apfelbäume im stets geschnittenen Grase. Aber nicht nur schlichtes Gras, sondern alles bringt der Boden die Fülle hervor, und hundert Jahre oder darüber währt dort das Leben."[149] Avalon ist keine geographische Insel; sie gehört weder zur Azoren-Gruppe noch zu den Färöer-Inseln, sondern in das Reich der keltischen Anderswelt. Die Apfelbäume, die dort wachsen, entspringen zauberischer Macht, und die Früchte daran verheißen ewiges Leben: die berühmten Äpfel der Unsterblichkeit!

Avalon, das *Emain Ablach* der Iren, die *Ynis Afalach* der Waliser, ist wie Shambhala auch ein spirituelles Einweihungszentrum; denn dort herrscht die zauberkundige Fee Morgaine mit ihren weisen neun Schwestern. Es mochte sich bei ihnen um einen geheimen esoterischen Orden innerhalb des keltischen Druidentums gehandelt haben. Hören wir noch einmal Geoffry of Monmouth: „Neun Schwestern herrschen nach heiteren Gesetzen auf dieser Insel über alle, die aus unserem Lande dorthin gelangen. Die erste unter ihnen weiß am meisten über die Heilkunst, dazu übertrifft sie ihre

Schwestern an Schönheit der Gestalt. Morgan ist ihr Name; sie hat die wirksamen Eigenschaften der Kräuter und Pflanzen studiert, so dass sie den siechen Leib zu heilen versteht. Sie kennt auch die Kunst, ihre Gestalt zu vertauschen, und, ein neuer Dädalus, mit ihren Flügeln die Luft zu durchschneiden. Sobald sie es wünscht, ist sie in Brest, Chartre oder Pavia, und wenn sie will, lässt sie sich wieder aus der Luft an unsere Gestade herabgleiten. (...) Dorthin brachten wir nach der Schlacht von Camlan den verwundeten Arthur, und Barinthus, dem die Strömungen des Wassers und die Sterne am Himmel alle vertraut sind, lenkte unser Schiff. Unter seiner Führung gelangten wir mit dem König dort an, und Morgan empfing uns mit gebührenden Ehren. In ihrem Gemach bettete sie den König auf ein goldenes Ruhelager und entblößte mit eigener Hand seine ehrenvolle Wunde und betrachtete sie eingehend. Schließlich sagte sie, seine Gesundheit könne wieder hergestellt werden, wenn er lange genug bei ihr bleibe und von ihrer Heilkunst Gebrauch mache. Frohen Mutes vertrauten wir ihr den König an und wandten uns heimwärts, günstigen Winden die Segel breitend."[150]

Einweihungs-Zentren wie das hier geschilderte befanden sich in früheren Zeiten zumeist auf „verbotenen Inseln", auf den Gipfeln heiliger Berge oder in unterirdischen Grotten und Labyrinthen. Wenn solche Zentren der Initiation später zu Märchenwelten wurden – ist dies nicht ein Beleg dafür, dass den Märchen eine geheime esoterische Einweihungs-Religion zugrunde liegen muss? Eine Religion vielleicht, die alle Geheimnisse der Magie beinhaltet haben mag, die Unabhängigkeit von den Gesetzen des Raum-Zeit-Universums? Eine Religion, die – aus ältester Zeit stammend – von der Mehrzahl der Menschen längst vergessen wurde, aber für die wenigen Wissenden in allegorischen Sinnbildern verewigt bleibt? Sind Märchen symbolische Erzählungen, die sich um den Vorgang der magischen Einweihung ranken, die Handlung eingekleidet in eine Chiffrenschrift, die nur der Kundige zu verstehen vermag? Märchen sind die Träger einer urzeitlichen Weisheit. Sie liegen, erratischen Blöcken gleich, in den Tiefen unseres kollektiven Unbewussten, und sie künden von der magischen Urreligion eines versunkenen Zeitalters. Sie können von uns jederzeit wieder zu neuem Leben erweckt werden. Dann dämmert ein neues *Goldenes Zeitalter* herauf, und das märchenhafte *Es war einmal* wird zum Ewigen Jetzt einer zeitlosen Gegenwart.

Literaturlisten

Literaturliste Märchen und Fantasy

Hans Christian Andersen, *Sämtliche Märchen*, Düsseldorf 2003.

Richard Bach, *Die Möwe Jonathan*, München 2003.

James Matthew Barrie, *Peter Pan*, Würzburg 2012.

J. M. Barrie, *Peter Pan*, mit Illustrationen von Robert Ingpen, München 2014.

Gert von Bassewitz, *Peterchens Mondfahrt*, Würzburg 2004.

Frank Baum, *Der Zauberer von Oz*, 3. Aufl. Gossau Zürich und Hamburg 2001

Peter S. Beagle, *Das letzte Einhorn*, Stuttgart 1983.

Lewis Caroll, *Alice hinter den Spiegeln*, Frankfurt 1963.

Thomas C. Crocker, *Irische Elfenmärchen*, Berlin 1989.

Das Buch Merlin, hg. v. Manfred Kluge, München 1988

Deutsche Heldensagen, Erlangen 1994.

Michael Ende, *Momo*, München 2002.

Michael Ende, *Die Unendliche Geschichte*, Stuttgart / Wien 2004.

Brüder Grimm, *Kinder- und Hausmärchen*, 14. Auflage München 1991.

Ursula Le Guin, *Erdsee*. 4 Romane in einem Band, München 2004.

Robert E. Howard, *Conan. Die Original-Erzählungen aus den Jahren 1932 und 1933*, München 2003.

H. P. Lovecraft, *Chronik des Cthulhu-Mythos*, 2 Bde., Leipzig 2011.

Johann Karl August Musäus, *Volksmärchen der Deutschen*, Frankfurt 1988.

Friedrich de la Motte Fouque, *Undine. Erzählung.* Berlin 1811. München 1999.

A. de Saint-Exupery, *Der Kleine Prinz*, 57. Aufl. Düsseldorf 2001.

A. de Saint-Exupery, *Wind, Sand und Sterne*, Düsseldorf 1982.

J. R. R. Tolkien, *Der Herr der Ringe*, Band 1: Die Gefährten, Stuttgart 1984.

J. R. R. Tolkien, *Das Silmarillion*, 18. Aufl. Stuttgart 2005.

Tolkien. Eine illustrierte Enzyklopädie von David Gray, St. Gallen 2003.

Sonstige verwendete Literatur

Kurt Aram, *Magie und Zauberei in der alten Welt*, Neudruck Komet Verlag Köln o. J.

David Ash / Peter Hewitt, *Wissenschaft der Götter*, Frankfurt 1994.

Rüdiger Robert Beer, *Einhorn. Fabelwelt und Wirklichkeit*, 3. Aufl. München 1977.

Cyrano de Bergerac, *Reise zum Mond und zur Sonne*, Frankfurt 2004.

Edwin Bernbaum, *Der Weg nach Shambhala*, 2. Aufl. Freiburg 1995.

H. P. Blavatsky, *Die Geheimlehre*, 3 Bde., Den Haag o. J.

Helena Petrowna Blavatsky, *Isis entschleiert*, Band 1, Hannover 2000.

H. P. Blavatsky, *Die Stimme der Stille*, Eberdingen 1994.

Gottfried August Bürger, *Münchhausen*, Kehl 1993.

Lin Carter, *Tolkiens Universum. Die mythische Welt des 'Herrn der Ringe'*, München 2002.

Sylvia Cranston, *HPB – Leben und Werk der Helena Blavatsky*, Satteldorf 1995.

Die Edda. Übertr. von Felix Genzmer, Köln 1983.

Die großen Mythen der Menschheit, Augsburg 1990

Ralph Waldo Emerson, *Spanne deinen Wagen an die Sterne*, Freiburg 1980.

Erdogan Ercivan, *Das Sternentor der Pyramiden*, Bettendorf 2000.

Dora van Gelder, *Im Reich der Naturgeister*, München 1999.

Marion Giebel, *Das Geheimnis der Mysterien*, Zürich / München 1990.

Helmuth von Glasenapp, *Indische Geisteswelt*, Band 1, Hanau 1986.

Sergius Golowin, *Paracelsus im Märchenland*, Basel 1980.

Goethes Gedichte in zeitlicher Folge, Frankfurt 1982.

Rene Guenon, *Der König der Welt*. Mit einem Vorwort von Leopold Ziegler, Freiburg 1989.

Frederik Hetmann, *Die Freuden der Fantasy. Von Tolkien bis Ende*, Berlin 1984.

O. Holzapfel, *Lexikon der abendländischen Mythologie*, Freiburg 1993.

Homerische Götterhymnen, dt. v. Thassilo von Scheffer, Basel 1987.

Hans Künkel, *Das große Jahr. Der Mythos von den Weltzeitaltern*, Waakirchen 1980.

S. Lechner-Knecht, *Die Hüter der Elemente*, Berlin 1989.

Liä Dsi, *Das wahre Buch vom Quellenden Urgrund*, Düsseldorf / Köln 1974.

Alec Maclellan, *Die verlorene Welt von Agharti*, Rottenburg 1998.

H. Ch. Meiser (Hg.), *Gnosis. Texte des geheimen Christentums*, München 1994.

Flower A. Newhouse, *Engel und Devas*, Grafing 1990.

Novalis, *Im Einverständnis mit dem Geheimnis*, Freiburg 1980.

Novalis, *Werke in zwei Bänden*, Band 2, Köln 1996.

Ovid, *Metamorphosen*, in Prosa übersetzt von Gerhard Fink, Frankfurt 1992.

Orpheus, *Altgriechische Mysterien*, Köln 1982.

Paracelsus, *Mikrokosmos und Makrokosmos. Okkulte Schriften*, Dreieich 1994.

Ernst-Günter Paris, *Der Schlüssel zur esoterischen Astrologie. Das Vermächtnis der Sterne*, München 1984.

Rainer Maria Rilke, *Gesammelte Werke*, Geneva 1998.

Rainer Maria Rilke, *Duineser Elegien. Die Sonette an Orpheus*, Frankfurt 1974.

Edouard Schure, *Die großen Eingeweihten*, 19. Aufl. München 1989.

C. M. Siegert, *Geheime Botschaft im Märchen*, Bad Teinach 1991.

Aleke Thuja, *Dem Einhorn auf der Spur*, München 1988.

Olga von Ungern-Sternberg, *Die Sternenschrift im Gralsgeschehen*, Kinsau 1986.

Mellie Uyldert, *Die Entdeckung von Mittelerde*, München 1988.

Britta Verhagen, *Götter Kulte und Bräuche der Nordgermanen*, Herrsching 1986.

Frederik Willem Zeylmans van Emmichhoven, *Rudolf Steiner*, Stuttgart o. J.

Zitatnachweis

[1] Novalis, *Im Einverständnis mit dem Geheimnis*, S. 82.

[2] Lewis Caroll, *Alice hinter den Spiegeln*, S. 31.

[3] *Brüder Grimm, Kinder- und Hausmärchen*, S. 26.

[4] Britta Verhagen, *Götter Kulte und Bräuche der Nordgermanen*, S. 82.

[5] Ebenda, S. 84.

[6] C. M. Siegert, *Geheime Botschaft im Märchen*, S. 9.

[7] Novalis, *Werke in zwei Bänden*, S. 103.

[8] Ebenda, S. 166.

[9] C. M. Siegert, *Geheime Botschaft im Märchen*, S. 13.

[10] H. Ch. Meiser (Hg.), *Gnosis. Texte des geheimen Christentums*, S. 35-41.

[11] Rainer Maria Rilke, *Gesammelte Werke*, S. 428.

[12] Peter S. Beagle, *Das letzte Einhorn*, S. 17.

[13] Rüdiger Robert Beer, *Einhorn. Fabelwelt und Wirklichkeit*, S. 16.

[14] Aleke Thuja, *Dem Einhorn auf der Spur*, S. 29-30.

[15] Peter S. Beagle, ebenda S. 17.

[16] Aleke Thuja, S. 84.

[17] Rainer Maria Rilke, *Duineser Elegien. Die Sonette an Orpheus*, S. 73.

[18] O. Holzapfel, *Lexikon der abendländischen Mythologie*, S. 110.

[19] Helmuth von Glasenapp, *Indische Geisteswelt*, Band 1, S. 17.

[20] *Die großen Mythen der Menschheit*, S. 92.

[21] Ebenda, S. 94.

[22] *Homerische Götterhymnen*, deutsch von Thassilo von Scheffer, S. 60.

[23] *Die Edda.* Übertragen von Felix Genzmer, S. 256.

[24] *Purgatorio* 29, 106-108.

[25] Zt. nach Erdogan Ercivan, *Das Sternentor der Pyramiden*, S. 239.

[26] Hans Künkel, *Das große Jahr*, S. 20 / 21.

[27] Ercivan, 248 ff.

[28] Ovid, *Metamorphosen,* in Prosa übersetzt von Gerhard Fink, S. 376.

[29] Orpheus, *Altgriechische Mysterien*, S. 90.

[30] *Homerische Götterhymnen*, S. 103-04.

[31] *Irische Elfenmärchen*, S. 5

[32] Dora van Gelder, *Im Reich der Naturgeister*, S. 40.

[33] Th. C. Crocker, *Irische Elfenmärchen*, S. 13.

[34] S. Lechner-Knecht, *Die Hüter der Elemente*, S. 112.

35 Zt. nach Sergius Golowin, *Paracelsus im Märchenland*, S. 37.

36 Flower A. Newhouse, *Engel und Devas*, S. 93.

37 Ebenda.

38 Ralph Waldo Emerson, *Spanne deinen Wagen an die Sterne*, S. 112.

39 Zt. nach M. Giebel, *Das Geheimnis der Mysterien*, S. 183.

40 Olga von Ungern-Sternberg, *Die Sternenschrift im Gralsgeschehen*, S. 17.

41 Zt. nach Ernst-Günter Paris, *Der Schlüssel zur esoterischen Astrologie*, S. 142.

42 Paracelsus, *Mikrokosmos und Makrokosmos. Okkulte Schriften*, S. 159.

43 Johann Karl August Musäus, *Volksmärchen der Deutschen*, S. 21-22.

44 *Deutsche Heldensagen*, S. 175-76.

45 Brüder Grimm, *Kinder- und Hausmärchen*, S. 404.

46 Friedrich de la Motte Fouque, *Undine. Erzählung*. Berlin 1811. S. 55-56.

47 Hans Christian Andersen, *Sämtliche Märchen*, S. 107.

48 Novalis, *Werke in zwei Bänden*, Bd. 2, S. 271.

49 Brüder Grimm, *Kinder- und Hausmärchen*, S. 382.

50 Ebenda, S. 382-83.

51 Ebenda, S. 383.

52 Ebenda, S. 383-84.

53 Brüder Grimm, *Kinder- und Hausmärchen*, S. 270.

54 Britta Verhagen, *Götter Kulte und Bräuche der Nordgermanen*, S. 77.

55 Ebenda, S. 84-85.

56 *Die Edda*, Übersetzung von Felix Genzmer, S. 164.

57 Thomas C. Crocker, *Irische Elfenmärchen*, S. 222-23 (Nachwort W. Grimm).

58 Ebenda, S. 223-24.

58 Lewis Caroll, *Alice hinter den Spiegeln*, S. 21-22.

60 Ebenda, S. 38-39.

61 Ebenda, S. 71.

62 Gerdt von Bassewitz, *Peterchens Mondfahrt*, S. 59.

63 Novalis, *Werke in zwei Bänden*, Bd.1, Köln 1996, S. 348.

64 *Peterchens Mondfahrt*, S. 131.

65 Gottfried August Bürger, *Münchhausen*, S. 185-86.

66 Cyrano de Bergerac, *Reise zum Mond und zur Sonne*, Frankfurt 2004, S. 14.

67 James Matthew Barrie, *Peter Pan*, Würzburg 2012, S. 254.

68 J. M. Barrie, *Peter Pan*, mit Illustrationen von Robert Ingpen, München 2014, S. 16.

69 Ebenda, S. 110.

70 Frank Baum, *Der Zauberer von Oz*, S. 6.

71 Sylvia Cranston, *HPB – Leben und Werk der Helena Blavatsky*, S. 565.

[72] *Der Zauberer von Oz*, S. 28.

[73] Ebenda, S. 84.

[74] Ebenda, S. 97.

[75] Mellie Uyldert, *Die Entdeckung von Mittelerde*, S. 39.

[76] Lin Carter, *Tolkiens Universum. Die mythische Welt des 'Herrn der Ringe'*, S. 57.

[77] *Tolkien. Eine illustrierte Enzyklopädie* von David Gray, S. 6

[78] Ebenda, S. 6/7.

[79] Tolkien. *Eine illustrierte Enzyklopädie*, S. 6/7.

[80] J. R. R. Tolkien, *Der Herr der Ringe*, Band 1: Die Gefährten, S. 7.

[81] F. W. Zeylmans van Emmichhoven, *Rudolf Steiner*, S. 115.

[82] *Der Herr der Ringe*, Band 1, S. 16.

[83] Ebenda, S. 17.

[84] H. P. Blavatsky, *Die Geheimlehre*, Band 2, S. 816.

[85] *Der Herr der Ringe*, Band 1, S. 276.

[86] Ebenda, S. 455.

[87] Zt. nach Frederik Hetmann, *Die Freuden der Fantasy*, S. 41.

[88] *Der Herr der Ringe*, Band 2, S. 73.

[89] Mellie Uyldert, *Die Entdeckung von Mittelerde*, S. 20.

[90] *Tolkien. Eine illustrierte Enzyklopädie*, S. 7-8.

[91] Tolkien, *Das Silmarillion*, S. 13.

[92] Ebenda, S. 19.

[93] Ebenda, S. 38.

[94] Robert Howard, *Conan. Die Original-Erzählungen aus den Jahren 1932 und 1933.*

[95] Ebenda, S. 37.

[96] S. 675-76.

[97] S. 655.

[98] S. 677.

[99] S. 616-17.

[100] S. 33-34.

[101] S. 713.

[102] S. 247-48.

[103] S. 154-55.

[104] H. P. Lovecraft, *Chronik des Cthulhu-Mythos*, Band I, S. 25.

[105] Ebenda S. 45.

[106] Ebenda S. 98.

[107] Ebenda S. 104.

[108] Ebenda, S. 249.

[109] Ebenda, S. 171.

[110] Ebenda S. 32.

[111] Frederik Hetmann, *Die Freuden der Fantasy. Von Tolkien bis Ende*, S. 59.

[112] Ursula Le Guin, *Erdsee. 4 Romane in einem Band*, S. 68.

[113] Ebenda, S. 368.

[114] Kurt Aram, *Magie und Zauberei in der alten Welt*, S. 77.

[116] Ursula Le Guin, *Erdsee*, S. 684-85.

[117] Ebenda, S. 688-89.

[118] A. de Saint-Exupery, *Der Kleine Prinz*, S. 72.

[119] Ebenda, S. 77.

[120] Ebenda.

[121] Ebenda, S. 13-14.

[122] Ebenda, S. 19.

[123] Antoine de Saint-Exupery, *Wind, Sand und Sterne*, S. 190.

[124] *Der Kleine Prinz*, S. 61.

[125] Ebenda, S. 90.

[126] Ebenda, S. 88-89.

[127] Ebenda, S. 94.

[128] H. P. Blavatsky, *Die Stimme der Stille*, S. 19.

[129] Ebenda, S. 100.

[130] Phaidros 246b.

[131] Richard Bach, *Die Möwe Jonathan*, S. 11.

[132] Ebenda, S. 53.

[133] Ebenda, S. 49.

[134] Ebenda, S. 51.

[135] Helena Petrowna Blavatsky, *Isis entschleiert*, Band 1, S. 194.

[136] *Die Möwe Jonathan*, S. 79.

[137] Ebenda, S. 47.

[138] Michael Ende, *Momo*, S. 163-165.

[139] Michael Ende, *Die Unendliche Geschichte*, S. 174.

[140] Ebenda, S. 30.

[141] Ebenda, S. 449.

[142] Ebenda, S. 462.

[143] Ebenda, S. 473.

[144] Liä Dsi, *Das wahre Buch vom Quellenden Urgrund*, S. 47.

[145] Ebenda, S. 104, ff.

[146] Ebenda, S. 75.

[147] Ebenda, S. 161.

[148] Edwin Bernbaum, *Der Weg nach Shambhala*, S. 17.

[149] Siehe: Alec Maclellan, *Die verlorene Welt von Agharti*.

[150] Vgl. Rene Guenon, *Der König der Welt*. Mit einem Vorwort von Leopold Ziegler.

[151] Zt. nach Maclellan, S. 69.

[152] Ebenda, S. 69 / 70.

[153] *Das Buch Merlin*, hg. v. Manfred Kluge, S. 200.

[154] Ebenda.

Abbildungsnachweis

Sämtliche Abbildungen in diesem Buch sind der Sammlung Wikipedia Commons entnommen.

Über den Autor

Dr. Manfred Ehmer hat sich als wissenschaftlicher Sachbuchautor darum bemüht, die großen kulturgeschichtlichen Zusammenhänge aufzuzeigen und die archaischen Weisheitslehren für unsere Zeit neu zu entdecken. Mit Werken wie DIE WEISHEIT DES WESTENS, GAIA und HEILIGE BÄUME hat sich der Autor als gründlicher Kenner der westlichen Mysterientradition erwiesen, mit DAS CORPUS HERMETICUM einen Grundtext der spirituellen Philosophie vorgelegt. Daneben stehen lyrische Nachdichtungen etwa des berühmten HYPERION von John Keats oder des vedischen HYMNUS AN DIE MUTTER ERDE. Besuchen Sie den Autor auf seiner Internetseite:

www.manfred-ehmer.net